A TIPICIDADE EM MATÉRIA TRIBUTÁRIA

G754t   Grando, Felipe Esteves.
         A tipicidade em matéria tributária / Felipe Esteves
         Grando. – Porto Alegre: Livraria do Advogado Editora,
         2013.
         142 p. ; 21 cm.
         Inclui bibliografia.
         ISBN 978-85-7348-830-2

         1. Tipicidade. 2. Direito – Interpretação. 3. Direito
         tributário. 4. Direito comparado. I. Título.

                                              CDU 34:336.2
                                              CDD 341.39

         Índice para catálogo sistemático:
         1. Tipicidade : Direito tributário   34:336.2

(Bibliotecária responsável: Sabrina Leal Araujo – CRB 10/1507)

Felipe Esteves Grando

A TIPICIDADE EM MATÉRIA TRIBUTÁRIA

Porto Alegre, 2013

© Felipe Esteves Grando, 2013

Capa, projeto gráfico e diagramação
Livraria do Advogado Editora

Revisão
Rosane Marques Borba

Pintura da capa
Retrato de Dr. Gachet, 1890
Vincent van Gogh

Direitos desta edição reservados por
Livraria do Advogado Editora Ltda.
Rua Riachuelo, 1338
90010-273 Porto Alegre RS
Fone/fax: 0800-51-7522
editora@livrariadoadvogado.com.br
www.doadvogado.com.br

Impresso no Brasil / Printed in Brazil

A minha amada esposa, Luciana, e aos meus pais, pelo exemplo de vida e pelo incondicional apoio e incentivo.

Prefácio

Coube a mim a honra de prefaciar a excelente obra de Felipe Grando defendida com maestria perante Banca de Arguição de Mestrado na prestigiosa Faculdade de Direito da Pontifícia Universidade Católica do Rio Grande do Sul.

Alegra-me ver que o trabalho de pesquisa de Felipe Grando, realizado com muito esforço e cuidado, sobre tema tão relevante, *A tipicidade em matéria tributária*, tenha conseguido lograr o êxito de contribuir para o estudo nacional sobre o tema, destacando-se, desde já, em propor soluções originais e sob uma interpretação sistemática do Direito Tributário.

A tipicidade, de um modo geral, tem seus fundamentos no princípio da segurança jurídica e, especialmente, no princípio da legalidade e exigiu a compreensão dos conceitos de tipo (*Typizität*) e de tipificação (*Typiesirung*). Trata-se de um tema nobre na doutrina tributária, tanto pelos aspectos teóricos que apresenta, quanto pelos problemas práticos que pretende auxiliar na solução. Em face da ausência de um conceito legal, os doutrinadores e a jurisprudência, conforme muito bem demonstrou o autor, buscaram, por meio de diversos critérios, estabelecer o sentido para a Tipicidade.

De um modo geral, cada pré-compreensão do sistema jurídico irá se realizar igualmente na conceituação da tipicidade, de tal modo que o seu sentido e alcance demonstram um modelo conceitual implícito sobre o Direito Tributário.

O tipo é um modo de adequação dos fatos concretos a uma hipótese de incidência, conforme critérios de coerência, assim, o tipo valor venal, conforme exemplo do autor, caracteriza uma determinada conexão de fatos jurídicos que possuem características comuns que os diferenciam de outra forma de ordenação de fatos jurídicos, mas que são utilizados de forma simplificada, visando a garantir a praticidade na arrecadação tributária. Como se pode notar, exsurge desta situação o questionamento fundamental: será o princípio da praticidade coerente com o princípio da capacidade contributiva e da justiça material? Quais seriam os seus limites e alcance?

Existem diversas interpretações doutrinárias sobre a utilização de tipos em Direito Tributário, desde autores que negam a sua relevância e possibilidade no ordenamento jurídico, tal como *Misabel Derzi*, para a qual tipo não é utilizado em Direito Tributário, mas tão somente os conceitos determinados, visto que o tipo será sempre aberto.

Por outro lado, teremos autores que irão defender a presença de *tipos abertos*, tais como *Ricardo Lobo Tôrres*, que defende que uma interpretação do Direito Tributário que admite a utilização de tipos abertos, visto que ele representa o ponto de encontro entre o princípio da legalidade e da segurança jurídica e da capacidade contributiva e da justiça fiscal.

Para outros, a utilização de tipos fechados se constitui no próprio modo de ser do Direito Tributário (*Alberto Xavier*), em que compreende que o tipo contém todos os elementos necessários para a composição da norma jurídica e para sua produção de efeitos, dispensando quaisquer outros elementos valorativos extratipo.

Inclina-mo-nos a compreender a exigência de tipos cerrados, classificatórios não podem fazer parte de um sistema complexo e dinâmico como o Direito Tributário, visto que este lida com elementos mutáveis, tais como aqueles dirigidos à organização do tráfego jurídico. O relacionamento entre princípios, conceitos, tipos normativos, configuração da regra-matriz de incidência tributária, bem como o modelo de aplicação normativa (subsuntivo, ponderação e hierarquização axiológica) demonstram todos os desafios da construção de um modelo de interpretação do Direito Tributário.

Portanto, deve necessariamente o tipo diferenciar-se de outros institutos próximos, tais como *conceito Jurídico*, como sendo a construção abstrata que possui um universo determinado de fatos jurídicos que o compõem. Assim o conceito jurídico-tributário de operação financeira, por exemplo, engloba um conjunto diverso de negócios jurídicos diversos unidos por critérios abstratos, tais como a ideia de contratos de câmbio, seguro e valores mobiliários.

Em nosso entender, a utilização de tipos em Direito Tributário deve possuir um sentido sistemático, ou seja, deve ser lido em conformação aos princípios da segurança jurídica, da legalidade, da proteção da confiança e somente pode ser afastado para concretizar o princípio da capacidade contributiva e da justiça fiscal quando esta solução for em defesa da proteção do contribuinte. Cabe ressaltar, contudo, que as cortes superiores são muito cautelosas em afastar a teoria da tipicidade fechada ou cerrada sob o receio de abusos contra os direitos dos contribuintes.

O princípio da tipicidade tem por objetivo limitar a interpretação judicial, a atuação legislativa e da administração pública, de tal modo a preservar a estabilidade do sistema, sua previsibilidade e o valor da manutenção das expectativas legítimas do contribuinte. O legislador fica por esse princípio vinculado à construção de tipos coerentes e ordenados, sob pena de a norma legal ser declarada ilegal. Igualmente, o tipo deve possuir uma relação direta com o substrato dos modelos contratuais e negociais presentes no ordenamento civil, sob pena de ofensa direta ao art. 110 do CTN.

A administração tributária, ao proceder ao lançamento, não poderá lançar com base em tipos abertos, devendo obedecer fielmente e vinculadamente a descrição do tipo tributário sob pena de o ato administrativo ser considerado nulo. O princípio da tipicidade veda expressamente o uso de discricionariedade em matéria administrativo-tributária, visto que o art. 3º do CTN expressamente determina que o tributo será objeto de cobrança "plenamente vinculada" aos ditames legais, bem como veda o uso da analogia (art. 108, § 1º, do CTN) e limita a casos restritos o uso da equidade (art. 108, inc. IV, do CTN).

Igualmente, a interpretação judicial não poderá adentrar em critérios extratipo sob pena de violar o princípio da segurança jurídica e da legalidade. A doutrina tem se dividido sobre o relacionamento deste princípio com outros princípios tributários, sendo que existe a unanimidade de que ele tem seus fundamentos decorrentes do princípio da legalidade e da segurança jurídica. A dúvida existente é se a tipicidade deve obedecer igualmente aos ditames da capacidade contributiva e da justiça fiscal ou não. Como se percebe, todas as questões se revestem da mais elevada significação e demonstram a correção da escolha do tema pelo autor e com certeza a profundidade do seu estudo irá auxiliar no deslinde tantas questões pertinentes e atuais. Recomendamos, portanto, vivamente, o estudo da obra do jovem e competente estudioso Felipe Grando.

Porto Alegre, julho de 2012.

Prof. Dr. Paulo Caliendo

Sumário

Introdução: pressupostos metodológicos..13
1 – A definição e a interpretação do tipo..17
   1.1. A definição de tipicidade..17
   1.2. A Interpretação tipificante...24
      1.2.1. A interpretação de Misabel de Abreu Machado Derzi.............24
      1.2.2. A interpretação de Karl Larenz..26
      1.2.3. A interpretação de Alberto Xavier...28
      1.2.4. A interpretação de Ricardo Lobo Torres......................................30
      1.2.5. A interpretação de Humberto Bergmann Ávila..........................31
      1.2.6. A interpretação de Klaus Tipke..33
      1.2.7. A interpretação de Arthur Kaufmann...34
   1.3. Paradigmas da tipicidade..36
      1.3.1. Conceitos determinados e indeterminados.................................38
      1.3.2. O conceito formado a partir do tipo..43
   1.4. A tipicidade como instrumento para uma interpretação sistemática do direito...45
      1.4.1. A criação legislativa e sua insuficiência prática.........................47
      1.4.2. A insuficiência do normativismo. A ideia de norma de Kelsen e as contribuições e críticas da aplicação do Direito por subsunção...49
      1.4.3. O pensamento sistemático..53
      1.4.4. A tipicidade como adequação entre o abstrato e o concreto....56
      1.4.5. O intérprete como derradeiro aplicador do Direito...................59
      1.4.6. Texto e norma..61
      1.4.7. A produção da norma pelo intérprete..62
      1.4.8. Interpretação e aplicação do Direito...64
   1.5. O conteúdo normativo do princípio da tipicidade............................67
2 – Do tipo à interpretação tipificante: a aplicação no direito comparado e os princípios limitadores/orientadores..................................71
   2.1. Tipo, tipicidade e tipificação...73
      2.1.1. A tipicidade na Alemanha...73
      2.1.2. A tipicidade em Portugal...74

2.1.3. A tipicidade no Brasil..76
2.2. Princípios e direitos fundamentais que orientam e limitam a formação do conteúdo normativo da tipicidade.......................................78
    2.2.1. Segurança jurídica..78
    2.2.2. O estado democrático de direito e a separação de Poderes.........82
    2.2.3. Legalidade..83
    2.2.4. Igualdade...86
    2.2.5. Anterioridade...91
    2.2.6. Irretroatividade..92
    2.2.7. Praticidade..93

3 – A tipificação e o direito tributário: a compatibilidade com o sistema tributário brasileiro...97
    3.1. Os elementos da regra-matriz de incidência tributária.................97
        3.1.1. Antecedente...98
        3.1.2. Consequente..99
    3.2. As dimensões do fato gerador...100
        3.2.1. O fato gerador abstrato...103
        3.2.2. O fato gerador concreto..106
    3.3. O estudo sobre o método de aplicação do Direito Tributário............107
    3.4. O tipo no sistema jurídico e no sistema tributário.......................111
    3.5. A tipicidade como ajuste do abstrato ao concreto e a sua aplicação como resguardo do sistema...115
    3.6. A questão das presunções no Direito Tributário.........................118
    3.7. Uma visão crítica sobre a aplicação da tipicidade no Direito Tributário..123

4 – Conclusão...129

Referências bibliográficas..139

Introdução: pressupostos metodológicos

A análise da tipicidade tal qual foi originalmente concebida na Alemanha, quando comparada com a sua utilização no Direito Tributário brasileiro, permite a identificação de formas diferentes de interpretação do Direito, embora denominadas de maneira igual. A tipicidade como ideia de fluidez e de interpretação do Direito, através das suas possíveis intensidades, é concepção diametralmente oposta à tipicidade cerrada, segundo a qual a legalidade exige uma qualificação, exigindo não só que o tributo seja instituído por lei competente, mas que todos os elementos da regra-matriz de incidência tributária estejam formalmente prescritos.

A existência de diversas utilizações para o termo tipicidade pela doutrina jurídica, sem que contudo hajam conclusões mais precisas sobre o seu efetivo conteúdo normativo, justifica a escolha do tema, em especial por entender que a tipicidade pode ser uma forma bastante eficaz de interpretar o Direito sistematicamente.

O presente estudo tem por objeto investigar a tipicidade como método de interpretação do Direito, analisar quais os usos que o instituto tem recebido no Direito brasileiro e no Direito Comparado, buscando identificar sua compatibilidade com o Sistema Tributário Nacional e como meio para se realizar uma interpretação sistemática do Direito.

A tipicidade é um tema riquíssimo, permitindo que através de uma interpretação do objeto, por meio de suas diferentes intensidades, possa o intérprete produzir a norma individual e concreta com maior conteúdo jurídico, em especial quanto aos valores e princípios que orientam o sistema jurídico. Ao mesmo tempo, trata-se de tema extremamente tormentoso, uma vez que a tipicidade é pouco analisada pela doutrina nacional e pela doutrina comparada, somado ao fato de a tipicidade ter-se difundido no Direito Tributário brasileiro como sinônimo da denominada tipicidade cerrada.

Ciente do desafio que seria a busca por interpretações inéditas sobre a tipicidade, foi através da leitura da obra de Misabel de Abreu Machado Derzi, *Direito Tributário, Direito Penal e Tipo*, que foram definidos alguns dos problemas que seriam necessários abordar no estudo.[1] Sem a pretensão de esgotar o tema, mas mais propriamente em levantar quais são os pressupostos metodológicos necessários para a aplicação do Direito de forma tipificante, passou-se a investigar a interpretação dos principais autores que analisam o tema e de que forma se tem tratado da tipicidade na Alemanha, em Portugal e no Brasil.

Além de analisar a interpretação de Misabel de Abreu Machado Derzi, foram investigados os pensamentos de Karl Larenz,[2] Alberto Xavier,[3] Ricardo Lobo Torres,[4] Humberto Bergmann Ávila,[5] Klaus Tipke[6] e de Arthur Kaufmann.[7]

---

[1] DERZI, Misabel de Abreu Machado. *Direito tributário, direito penal e tipo*. 2. ed. São Paulo: Revista dos Tribunais, 1997.

[2] LARENZ, Karl. *Metodologia da Ciência do Direito*. 3. ed. Lisboa: Fundação Caloustre Gulbenkian, 1997.

[3] XAVIER, Alberto. *Tipicidade da Tributação, Simulação e Norma Antielisiva*. São Paulo: Dialética, 2001.

[4] TORRES, Ricardo Lobo. O Princípio da Tipicidade no Direito Tributário. *Revista Direito Administrativo*, Rio de Janeiro, v. 235, 2004.

[5] ÁVILA, Humberto Bergmann. *Sistema Constitucional Tributário*. São Paulo: Saraiva, 2004.

[6] TIPKE, Klaus. *Direito Tributário*. Traduzido por Luiz Dória Furquim. 18ª ed. Porto Alegre: Sergio Antonio Fabris, 2008.

Foi a partir dessa investigação que se constatou estar sendo a tipicidade usada pela doutrina ao menos por três primas diferentes, a saber: como ordenação de conhecimento ou descrição fluída e aberta do objeto de aplicação do Direito; como sinônimo de fato gerador (*Tatbestand*); e como forma simplificadora de execução e fiscalização da lei tributária, em prol da praticidade da arrecadação. Assim, fez-se necessário analisar essas três diferentes utilizações que a tipicidade vem recebendo da doutrina e investigar sua compatibilidade com o Sistema Tributário Nacional.

Reforça-se que a presente investigação teve como objetivo interpretar a compatibilidade da tipicidade com o Sistema Tributário Nacional, assumindo como premissa que é através de uma interpretação sistemática que o estado democrático de direito brasileiro, a partir dos contornos prescritos pela Constituição de 1988, melhor alcança os seus valores e princípios. Como bem adverte Lenio Luiz Streck, ainda é necessário que haja uma real passagem do antigo modelo de estado liberal para o atual estado democrático de direito, de forma que seus valores e princípios ganhem efetividade.[8]

---

[7] KAUFMANN, Arthur; HASSEMER, Winfried. *Introdução à Filosofia do Direito e à Teoria do Direito Contemporâneas*. Lisboa: Fundação Caloustre Gulbenkian, 2002.

[8] "... o Estado Democrático de Direito supera as noções anteriores de Estado Liberal e Estado Social do Direito, questão que é bem definida por Elias Diaz: o Estado Liberal de Direito é a institucionalização do triunfo da burguesia ascendente sobre as classes privilegiadas do Antigo Regime, onde se produz uma clara distinção entre o político e o econômico, com o Estado formalmente abstencionista, que deixa livre as forças econômicas, adotando uma posição de (mero) policial da sociedade civil que se considera a mais beneficiada para o desenvolvimento do capitalismo em sua fase de acumulação inicial e que vai aproximadamente até o final da primeira grande guerra; já o Estado Social de Direito pode ser caracterizado como institucionalização do capitalismo maduro, no qual o Estado abandona a sua postura abstencionista tomada inicialmente para proteger os interesses da vitoriosa classe burguesa, passando não somente a intervir nas relações econômicas da sociedade civil, como também se converte em fator decisivo nas fases de produção e distribuição de bens; finalmente, o Estado Democrático de Direito é o novo modelo que remete a um tipo de Estado em que

Para desenvolver o presente estudo, *no Capítulo 1*, buscou-se situar o leitor no tema, definindo a tipicidade e apresentando o seu conteúdo jurídico. Nesse capítulo inicial são apresentadas as interpretações dos principais doutrinadores (brasileiros e estrangeiros), demonstrando a vinculação da tipicidade com a interpretação sistemática do Direito, além das vantagens que interpretação do Direito pela tipicidade apresenta frente ao modelo de subsunção advindo da classificação conceitual.

O trabalho no *Capítulo 2* parte para a análise de como a identificação do tipo permite realizar a interpretação tipificante, e quais são os princípios que preponderam para orientar e limitar tal forma de aplicação do Direito.

Por fim, no *Capítulo 3*, o objetivo foi definir se a tipicidade, tal qual foi originalmente concebida na Alemanha, bem como pelas formas como vem sendo utilizada pela doutrina nacional e estrangeira, é compatível com o Sistema Tributário Nacional. Foi analisado se o Direito Tributário brasileiro é compatível com uma forma de interpretação notadamente mais aberta e fluída, mais próxima de princípios como a igualdade e a mutação das relações sociais, ou se prepondera no Direito Tributário a classificação conceitual e a aplicação por subsunção, em que a segurança jurídica e a previsibilidade ganham maior conteúdo jurídico.

---

se pretende precisamente a transformação em profundidade do modo de produção capitalista e sua substituição progressiva por uma organização social de características flexivamente sociais, para dar passagem, por vias pacíficas e de liberdade formal e real, a uma sociedade onde se possam implantar superiores níveis reais de igualdades e liberdades. In: STRECK, Lenio Luiz. *Hermenêutica Jurídica e(m) Crise*. 3. ed. Porto Alegre: Livraria do Advogado, 2001, p. 40.

1 – A definição e a interpretação do tipo

Nesta primeira parte do trabalho, buscará se definir o conteúdo jurídico da tipicidade, apontando quais são os critérios para interpretar o Direito segundo o pensamento tipificante. Pautando-se em uma interpretação sistemática do Direito, serão expostas algumas das principais interpretações doutrinárias sobre o Princípio da Tipicidade, de forma que se possa melhor interpretar quais são os critérios que devem preponderar para a construção de uma norma jurídica segundo o pensamento tipificante.

1.1. A definição de tipicidade

Muitas são na Ciência do Direito as definições do que venha a ser o tipo ou o modo de interpretar o direito segundo o Princípio da Tipicidade. O tipo e o Princípio da Tipicidade são usados pela doutrina das mais variadas formas, sem que haja uma definição mais precisa do que venha a ser seu conteúdo jurídico e, principalmente, qual sua serventia para a interpretação do Direito. Usa-se o tipo como sinônimo de conceitos,[9] para justificar uma concepção de fechamento do sistema,[10] como *standards* ou medidas móveis do comportamento social típico[11] e como

---
[9] DE OLIVEIRA, Yonne Dolacio. *A Tipicidade no Direito Tributário Brasileiro*. São Paulo: Saraiva, 1980, p. 23.
[10] XAVIER, Alberto. *Tipicidade da Tributação* ..., p. 15.
[11] LARENZ, Karl. Op. cit., p. 656.

técnica para promover a simplificação e praticidade da arrecadação.[12]

De qualquer sorte, ainda que haja divergência na doutrina sobre o conteúdo jurídico do tipo e dos critérios que definem a forma tipificante de interpretar o Direito, existe uma forte relação, e até mesmo uma derivação, da tipicidade com o Princípio da Legalidade, na medida em que tipicidade parte da interpretação de textos positivados.[13]

Embora haja autores que defendam a concepção de uma tipicidade cerrada,[14] e outros que afirmem ser o tipo aberto,[15] o fato é que a interpretação do Direito parte da análise do texto positivado para, então, à luz do caso concreto, construir a norma jurídica.[16] Até aqui não seriam necessárias maiores fundamentações, como também não exige maiores digressões o fato de que o Constituinte de 1988 fez uma opção bastante clara pelo Princípio da Legalidade como um dos direitos fundamentais do cidadão e do contribuinte, afirmando no art. 5º, II, e no art. 150, I, da Constituição Federal, que "ninguém será obrigado a fazer ou deixar de fazer alguma coisa senão em virtude de lei" e que é vedado ao Estado "exigir ou aumentar tributo sem lei que o estabeleça".

Tomando-se por base essas disposições constitucionais, o questionamento que surge é como interpretar o Princípio da Legalidade, à luz de um pensamento sistemático do Direito, e de que forma o pensamento tipificante pode se adaptar a legalidade, segundo os moldes da Constituição brasileira?

---

[12] DERZI, Misabel de Abreu Machado. Op. cit., p. 351.
[13] TORRES, Ricardo Lobo. *O Princípio da Tipicidade* ..., p. 193.
[14] XAVIER, Alberto. *Tipicidade da Tributação* ..., p. 15.
[15] LARENZ, Karl. Op. cit., p. 652.
[16] CARVALHO, Paulo de Barros. *Direito Tributário*: Fundamentos Jurídicos da Incidência. São Paulo: Saraiva, p. 18.

Para alcançar resposta a tal indagação, torna-se necessário iniciar por uma remoção à concepção de tipo no Direito alemão, que dele tem cuidado de sua metodologia jurídica moderna com maior profundidade.[17] Como mais a frente será abordado nos pontos 6.1 a 6.4, existe divergência, principalmente em razão das concepções ibéricas sobre o tipo, se seria possível adaptar, em matéria tributária, a temática como definida na Alemanha ao conteúdo jurídico do Princípio da Legalidade, diante das prescrições da Constituição Federal de 1988. De um modo geral, a doutrina nacional faz grande relação do tipo, ou do pensamento tipificante, como uma forma de harmonizar o fato gerador abstrato ao fato gerador concreto, quando em verdade não é essa a forma como o tipo é definido no Direito Alemão. Há também uma vertente da utilização do pensamento tipológico para fundamentar a execução simplificada e mais prática da lei, permitindo à administração fazendária a redução de custos e a otimização da arrecadação, ao se desvincular da investigação dos casos individuais, por meio das ocorrências médias e frequentes (típicas).

A ideia de tipo parte da concepção daquilo que é típico, recorrente e semelhante. Diante de um evento que ocorre reiteradamente, ou de uma característica comum a um determinado grupo de objetos, é possível definir algo como típico. Levando em consideração, por exemplo, que o sistema de saúde pública brasileiro não possui as condições suficientes para dar a todos um atendimento pronto e eficaz, poderia se afirmar que é típico que os cidadãos acabem realizando gastos com saúde por meios privados. Dados concretos captados no mundo dos fatos, cuja semelhança os aproxima, permitem definir aquilo que é típico ou recorrente, ainda que os dados em si não sejam iguais, mas apenas semelhantes. Humberto Bergmann Ávila rei-

---

[17] LARENZ, Karl. Op. cit., p. 662; KAUFMANN, Arthur; HASSEMER, Winfried. Op. cit., p. 184; TIPKE, Klaus. *Direito Tributário...* p. 310.

teradamente afirma em sua obra, usando conceito extraído do pensamento de Misabel de Abreu Machado Derzi, que *os tipos representam tão somente uma "totalidade" "graduável" e "aberta", relativa em grau maior ou menor, a um conjunto de fatos.*[18] Usando o exemplo acima, pode ser dito que, ainda que o gasto com a saúde privada seja maior ou menor, é típico que haja gastos.

Nesse contexto, não nos parece decisivo para a melhor compreensão da matéria enumerar todos os possíveis usos e palavras que buscam na Ciência do Direito definir o sentido do tipo. Importante nessa etapa do trabalho é fixar as utilizações típicas que os tipos vêm recebendo da doutrina, em especial como sinônimo de conceitos, justificando uma concepção de fechamento do sistema; como *standards* ou medidas móveis do comportamento social típico; e como técnica para promover a simplificação e praticidade da arrecadação. Contudo, o que se pretende aqui é fixar a ideia do tipo como identidade entre os elementos comuns que formam um todo maior, cuja intensidade de identificação do fato da vida, com aquilo que é típico, pode variar em maior ou menor grau, sem que em uma hipótese, ou em outra, deixe o tipo de ser definido como um padrão.[19]

Tomando por base a premissa de que os fenômenos da vida possuem uma dinâmica bem mais veloz do que a regulação pelo Poder Legislativo, e que a aplicação do Direito é fruto de um processo de interpretação,[20] corre-se o risco de que a concepção de um legalismo positivista, em que outro direito não existe senão o direito positivo,[21]

---

[18] ÁVILA, Humberto Bergmann. *Sistema Constitucional* ..., p. 166.
[19] DERZI, Misabel de Abreu Machado. Op. cit., p. 40.
[20] GRAU, Eros Roberto. *Ensaio e Discurso sobre a Interpretação/Aplicação do Direito*. 3. ed. São Paulo: Malheiros, 2005, p. 82.
[21] "O direito do Estado Liberal realiza, de um modo superior, o ideal burguês da segurança, estando protegido do entrechoque de valores que atravessa a sociedade pluralista moderna das vicissitudes do poder político, uma vez que não

deixe e apresentar os melhores resultados, diante da multiplicidade e rapidez com que os fenômenos sociais surgem na pós-modernidade.[22] Artur Kaufmann afirma que a ideia defendida pelos positivistas de um sistema jurídico cartesiano, representado na figura do juiz como boca da lei e nas grandes codificações dos séculos XVIII e XIX, perdeu espaço para uma concepção de interpretação do Direito a partir das regras e dos princípios, em que a interpretação é fruto da análise do caso concreto, por meio do discurso.[23] Essa interpretação ainda não prospera plenamente, já que, em sua origem, a teoria do direito acabou recebendo fortíssima influência do positivismo legalista e, por consequência, da aplicação por subsunção.

A aplicação do Direito por subsunção depende de conceitos classificatórios, cuja natureza é cerrada. Enquanto o conceito busca uma representação abstrata de dados empiricamente colhidos, podendo inclusive violentar a própria realidade dos fatos, somente permitindo que aqueles fatos que possuam as mesmas características venham a ser subsumidos, o tipo, por sua dotação de amplitude, ou seja, uma regulação de maior e menor grau, é uma fonte de pensamento mais porosa, permitindo que os valores e princípios do sistema o permeiem com maior abrangência,

---

é um determinado ideal de justiça nem um ato 'nu' de poder que decide o que deve ser considerado jurídico. É o próprio direito que determina o jurídico, na medida em que regula o seu próprio processo de produção. É esse direito que será tematizado pelo positivismo, movimento jusfilosófico que surge justamente com o Estado Liberal no século XIX, e tem como sés representantes mais autorizados no século XX Kelsen, Ross e Hart." (BARZOTTO, Luis Fernando. *O Positivismo Jurídico Contemporâneo*: Uma introdução a Kelsen, Ross e Hart. São Leopoldo: Unisinos, 1999, p. 17).

[22] MARQUES, Cláudia Lima. *Contratos no Código de Defesa do Consumidor*. O novo regime das relações contratuais. 4. ed. São Paulo: Revista dos Tribunais, 2002, p. 155.

[23] KAUFMANN, Arthur. *Analogía y naturaleza de la cosa*. Santiago: Jurídica de Chile, 1976, p. 61-63.

permitindo a formação de um conteúdo jurídico mais sistemático das normas.[24]

Assim, o tipo surge como um método de interpretação do Direito diverso do conceito, em que, por não ter um número limitado de características, permite que uma maior gama de elementos da vida sejam capturados para o interior da norma.[25] Essa característica é uma característica que a subsunção não oferece, uma vez que o conceito classificatório traz consigo uma definição fechada e acabada de determinado fato que o legislador aprisionou no interior de um texto legal.

Não se pode deixar de considerar que dentre os princípios basilares que norteiam o Direito está a segurança jurídica, cuja estruturação de conteúdo e positivação seguiu as tendências do período pós-guerra, momento em que buscou afastar tudo aquilo que não fosse consenso. Partindo-se da fase em que dizer o direito era tarefa exclusiva do soberano, naquilo que Paulo Caliendo conceitua como a vertente do "direito tributário resultado de uma expressão de poder",[26] cujas decisões eram justificadas pelos costumes, com forte influência da moral religiosa, surge a chamada *escola da exegese,* com forte traço de positivação das práticas reguladas pelo Direito, visando uma maior previsão e estabilidade das relações sociais.

Foi a partir da Revolução Francesa, como da aplicação da concepção clássica de Montesquieu acerca da separação dos poderes, que o Direito se caracterizou como um império da lei, recebendo do Princípio da Legalidade uma fortíssima iluminação, que sem dúvida refletiu na segurança jurídica e, por consequência, na formação de seu conteúdo jurídico. O juiz como boca da lei, investido em um papel sem qualquer traço de interpretação e discricio-

---

[24] LARENZ, Karl. Op. cit., p. 662.
[25] DERZI, Misabel de Abreu Machado. Op. cit., p. 57.
[26] CALIENDO, Paulo. *Direito Tributário* ..., p. 212.

nariedade, inspirou o período em que imperou um pensamento normativista de subsunção do fato a norma.

Provavelmente foi o processo de Nuremberg que fixou um marco histórico na interpretação jurídica, permitindo, diante da exposição dos horrores da legislação nazista, o surgimento de um forte questionamento sobre os valores de uma interpretação cerrada do direito, baseada no argumento do estrito cumprimento da lei, como foi utilizado pelos soldados alemães para justificar as atrocidades por eles praticadas durante o holocausto.

A partir desse importante julgamento, a comunidade alemã e os demais países marcados pela guerra se moveram no sentido de positivar determinados direitos, definidos como fundamentais e de responsabilidade comunitária,[27] atribuindo ao juiz o papel de intérprete da lei. Cabe ser destacado Hans-Georg Gadamer como o filósofo que melhor soube analisou esse processo histórico, ao definir a necessidade de uma interpretação aberta e histórica do Direito, em que as pré-compreensões do intérprete jamais poderão ser afastadas para concretizar as disposições da lei.[28]

Reforçando o amadurecimento dessa transformação na forma de interpretar o Direito, o surgimento do tipo contribui como meio para uma melhor atribuição de conteúdo jurídico às normas que resultam da interpretação do Direito. Ao considerar as particularidades individuais, para colher o comum e o repetitivo, ao identificar a forma média e frequente de determinado acontecimento, o tipo surge como um padrão normativo, padrão que se presta para, posteriormente, servir como um modelo para a in-

---

[27] NABAIS, Casalta. *O Dever Fundamental de Pagar Impostos*. Coimbra: Almedina, 1998, p. 20.
[28] GADAMER, Hans-Georg. *Verdade e Método:* Traços Fundamentais de uma Hermenêutica Filosófica. Petrópolis: Vozes, 2002, p. 33.

terpretação do caso concreto.[29] Enquanto ao conceito ficam limitadas determinadas características do objeto, a interpretação tipificante do Direito permite o escalonamento de níveis de intensidade do acontecimento típico, de tal sorte que se torna possível correlacionar a norma eventos de maior ou menor recorrência, até o limite do atípico.

1.2. A Interpretação tipificante

Para a melhor compreensão dos tipos e da interpretação tipificante do Direito, será exposta breve síntese do pensamento de importantes juristas sobre a matéria.

1.2.1. A interpretação de Misabel de Abreu Machado Derzi

A professora mineira Misabel de Abreu Machado Derzi, em uma das melhores obras da doutrina nacional sobre o tipo, o constrói sob um ponto de vista fechado e aberto, fazendo forte crítica ao fechamento do mesmo, em importante comparação que faz entre o tipo tributário e o tipo penal.[30] Defende ela a utilização do termo tipo em três diferentes acepções: (i) ordenação do conhecimento que permite ordens fruídas e contínuas; (ii) como sinônimo de *Tatbestand* ou fato gerador; e (iii) técnica administrativa ou judicial de simplificação da execução das leis, em especial da lei tributária.

A partir de suas concepções, o tipo é aberto, tendo surgido "como nova proposta, uma ordem mais adequada para captar as fluídas transições da vida".[31] Defende ela a abertura do tipo, caracterizado por uma realidade fluída da vida que permite interpretar dentro de limites de

---

[29] DERZI, Misabel de Abreu Machado. Op. cit., p. 69.
[30] Idem.
[31] Ibidem, p. 56.

menor e maior grau, adaptando-se como uma luva para a concepção de sistema jurídico (nem acabado, nem rígido). Para ela, o que fecha o Direito são os conceitos de classe. "Como nova metodologia jurídica, em sentido próprio, os tipos são abertos, necessariamente abertos, com as características que apontamos. Quando o Direito 'fecha' o tipo, o que se dá é a sua cristalização em um conceito de classe".[32]

Segundo ela, mesmo sendo o tipo aberto, é indevida sua relação com a chamada tipicidade cerrada, em que todos os elementos necessários à incidência tributária devam estar previstos na norma. Tampouco caberia a confusão com uma ideia de Tipicidade em que, por meio da abertura do fato gerador ou hipótese de incidência, seria possível fruir para o interior da norma interpretações outras que não aquelas tidas pelo Legislador ao instituir a prescrição legal. "Identificar tipo a *Tatbestand* ou fato gerador é reduzir indevidamente seu alcance, sentido e acepção".[33]

Conclui ela que, partindo-se da premissa da constante tensão existente entre os princípios jurídicos, como Segurança e Justiça, o Direito Tributário atrai fortemente a presença de conceitos classificatórios, buscando prevalência à estabilidade das relações, em especial pela importante limitação que a cobrança do tributo impõe a direitos como a propriedade e a liberdade. Assim, por ser o tipo aberto e o Direito Tributário um ramo cuja natureza não permite, na medida do possível, a discricionariedade nos atos de aplicação, quer administrativos, quer judiciais, o Direito Tributário se afasta da metodologia de aplicação segundo o pensamento tipificante.[34]

---

[32] DERZI, Misabel de Abreu Machado. Op. cit., p. 58.
[33] Idem, p. 66.
[34] Idem, p. 367-368.

1.2.2. A interpretação de Karl Larenz

O jurista alemão Karl Larenz é referência doutrinária no Direito Comparado quando a matéria é a Tipicidade. Em sua emblemática obra *A Metodologia da Ciência do Direito*, Larenz dedica uma extensa parte à análise do tipo, identificando a existência de três espécies: (i) o *tipo de frequência* ou *tipo médio*, (ii) o *tipo real normativo* e (iii) o *tipo jurídico estrutural*.[35]

Embora inicialmente tenha o autor defendido uma distinção entre tipo aberto e fechado, foi a partir da terceira edição de sua obra que ele alterou o seu entendimento, passando a defender, assim como Canaris, a ideia de sistema jurídico aberto e inacabado, em que a concepção de tipo é aberta.[36]

Segundo Larenz, os tipos se distinguem dos conceitos pelo fato de os tipos não serem regras abstratamente configuradas, afastando a aplicação silogística da subsunção. Ao contrário, permanentemente os tipos necessitam ser concretizados, pelo fato de serem pautas móveis e médias, carentes da análise tópica sobre a adequação do evento ao padrão recorrente.[37]

A primeira espécie de tipo identificada por Larenz é o *tipo de frequência* ou *tipo médio*, caracterizado pelas práticas sociais reconhecidas pelos juristas como *standards*, ou seja, pautas normais e corretas de comportamento social. Tais *standards*, por serem pautas móveis de comportamento social, demandam permanente reconhecimento como conduta típica, inviabilizando, assim, a subsunção.[38]

Definindo o *tipo real normativo*, ou seja, aquele determinado pela interpretação do tipo prescrito na norma, La-

---

[35] LARENZ, Karl. Op. cit., p. 660 e seguintes.
[36] Idem, p. 694.
[37] Ibidem, p. 661.
[38] Ibidem, p. 661.

renz afirma que esse é o tipo relevante para o Direito.[39] O autor define que:

> O *tipo real normativo* não é simplesmente o prescrito na norma, mas que a selecção dos fenômenos decisivos e a delimitação mais concreta do tipo são determinadas conjuntamente pelo escopo da norma e pelas ideias jurídicas que estão por detrás da regulação. Efectuam-se sob o ponto de vista normativo. Na formação do tipo e, portanto, também na coordenação concreta ao tipo, entram tanto elementos empíricos como normativos; a união destes dois elementos constituiu precisamente a essência deste tipo, que eu gostaria, por isso, de denominar de tipo real normativo.[40]

Ainda que tenha Larenz apontado o *tipo real normativo* como a estrutura relevante para a interpretação do Direito (forma de pensamento), o autor também chamou a atenção para a importância do tipo estrutural, como dá conta o contrato, como exemplo.[41] No caso dos contratos, pela recorrência de forma e causa, o ato de vontade vertido em determinada estrutura se caracteriza como típico. Assim, o legislador, ao identificar em certos contratos identidade de forma e causa, acabou definindo-os em lei, apreendendo sua tipicidade e impondo alguns requisitos que considerou indispensáveis.[42]

Prosseguindo sua doutrina, o jurista alemão ainda faz pertinente ressalva ao fato do *tipo real normativo* desempenhar um papel de prova tão somente *prima facie*. Isto porque a definição do tipo depende das experiências concretas que convergem com as prescrições da norma, já que a norma apenas pode estabelecer um juízo de maior ou menor probabilidade, ao passo que o caso particular, esse sim, é rico de circunstâncias.[43]

---

[39] LARENZ, Karl. Op. cit., p. 662.
[40] Idem, p. 662.
[41] Ibidem, p. 660.
[42] Ibidem, p. 663.
[43] Ibidem, p. 661.

A partir da análise do tipo, mas principalmente do sistema jurídico como um todo, Larenz conclui que o sistema jurídico interno não se concretiza por meio de sua aplicação simplesmente formal, ou mesmo simplesmente tópica, mas o Direito se revela segundo a concretização de princípios e tipos, iluminada pelos valores e por um pensamento sistemático.[44]

1.2.3. A interpretação de Alberto Xavier

Partindo da concepção de que o Princípio da Legalidade possui uma altíssima carga axiológica no sistema jurídico brasileiro, ainda com maior ênfase em matéria tributária, naquilo que regula especificamente o art. 150, I, da Constituição Federal, o mestre luso-brasileiro Alberto Xavier afirma que "não basta a lei: é necessário uma 'lei qualificada'".[45] Segundo o autor, o Princípio da Tipicidade surge como uma importante vertente da legalidade, exigindo da lei uma qualificação material.

Interpreta Xavier que a instituição do tributo não simplesmente deve necessariamente ser precedida de lei em sentido formal, mas de uma lei que contemple todos os elementos necessários para que, diante do caso concreto, seja possibilitado ao órgão aplicador do Direito tomar sua decisão, a partir de simples subsunção do fato à norma.

São inerentes à tipicidade os Princípios da Seleção, do *Numerus Clausus*, do Exclusivismo e da Determinação. Ao descrever o tributo, seria vedado ao legislador utilizar conceitos abertos ou cláusulas gerais, devendo os fatos ser descritos com a seleção dos tipos ou dos modelos que melhor representem a realidade a ser descrita, com estrita preferência para a taxatividade (*numerus clausus*). Valen-

---

[44] LARENZ, Karl. Op. cit., p. 693-697.
[45] XAVIER, Alberto. *Tipicidade da Tributação* ..., p. 17.

do-se da concepção inicial de Larenz, Xavier afirma que a tipicidade é "fechada", sendo a lei a única fonte tributária suficiente para a instituição do tributo,[46] em que todos os elementos integrantes do tipo devem estar determinados, possibilitando, assim, que pela análise da lei o órgão aplicador do Direito faça a aplicação. Todos esses elementos conformam o conteúdo axiológico do Princípio da Tipicidade e emprestam ao sistema tributário a segurança jurídica que dele se espera.[47]

A segurança jurídica em matéria tributária, conquistada pela tipicidade, encontraria sua fiel operacionalização por meio da lei complementar. Segundo Xavier, "na Constituição de 1988 o princípio da tipicidade foi consagrado de modo explícito pela própria Constituição, ao definir o papel da lei complementar em matéria tributária".[48] Prescreve o art. 146, III, "a", da CF/88, que os "elementos essenciais" dos tributos devem ser definidos por lei complementar, sendo precisamente nesse núcleo que a tipicidade encontra sua manifestação constitucional, já que os tributos descritos na Constituição "selecionam casuisticamente suas manifestações de capacidade contributiva".[49]

Aponta Xavier que a Constituição define o "núcleo essencial dos fatos geradores", tais como "renda", "exportação", "produtos industrializados", entre outros,[50] ficando sob a responsabilidade do legislador complementar a definição do tributo, ai compreendida a interpretação daquele núcleo essencial do fato gerador, em que se define a extensão e os limites da exigência fiscal.

Seria por meio dessa relação entre a Constituição e a lei complementar, construindo a definição do "núcleo

---

[46] XAVIER, Alberto. *Tipicidade da Tributação* ..., p. 19.
[47] Idem, p. 19.
[48] Ibidem, p. 21.
[49] Ibidem, p. 24.
[50] Ibidem, p. 23.

essencial dos fatos geradores", que se revela o Princípio da Tipicidade em matéria tributária.

1.2.4. A interpretação de Ricardo Lobo Torres

O jurista carioca Ricardo Lobo Torres dedicou ao tema artigo específico, com dimensão de monografia, cuja pertinência das interpretações colabora sobremaneira para a compreensão da teoria do tipo tributário e de sua aplicação à luz do ordenamento jurídico brasileiro.[51]

Defende o autor a ideia de que o Princípio da Tipicidade é ramificação do Princípio da Legalidade, ambos subordinados à segurança jurídica e, pela concepção aberta da tipicidade, permite que outros princípios, como capacidade contributiva e justiça, venham a compor o conteúdo jurídico das normas construídas por meio de um pensamento tipificante.

Conceitua Torres que o tipo é aberto, representando a média ou a normalidade de uma determinada situação, e que a tipicidade é a própria qualidade do tipo, daquilo que é típico. A seu turno, a tipificação seria a normatização do típico, seja em âmbito administrativo ou judicial.

Define o autor que a tipicidade não pode ser confundida com a determinação dos elementos que compõem a incidência tributária. Houve grande confusão na doutrina brasileira sobre o tipo pela importação de fontes ibéricas que definem erroneamente a identidade entre tipo e hipótese de incidência, buscando revelar que seriam a mesma coisa. Há possibilidade da hipótese de incidência envolver a descrição de um tipo, mas em assim sendo, jamais se poderia afirmar que a hipótese de incidência é fechada.

O modo de pensar tipificante seria uma de três hipóteses de interpretação do direito, em que a adequação

---

[51] TORRES, Ricardo Lobo. *O Princípio da Tipicidade* ..., p. 193-232.

do fato gerador abstratamente previsto se daria ao fato concreto por: (a) subsunção, quando o conceito do fato ocorrido na vida social deva se qualificar de acordo com a interpretação; (b) pela discricionariedade, quando, depois de interpretar os conceitos indeterminados acoplados às cláusulas discricionárias constantes da regra de incidência, a autoridade administrativa age nos limites da decisão equitativa; e (c) pela tipificação, quando o conceito do tipo apreendido na realidade deva se ordenar segundo o conceito-tipo descrito na norma.[52]

1.2.5. A interpretação de Humberto Bergmann Ávila

O mestre gaúcho Humberto Bergmann Ávila apresenta uma teoria bastante singular a respeito dos tipos, concluindo em síntese que os tipos não representam uma categoria autônoma frente aos conceitos, nem tampouco representam uma categoria metodológica referencial para a aplicação do Direito.[53] Para Ávila, os tipos são conceitos pouco nítidos, ou mesmo uma subespécie dos conceitos.[54]

Para chegar a tal conclusão, Ávila lança como objetivo preponderante de sua interpretação o questionamento sobre o caráter decisivo de uma norma conter um tipo ou um conceito, sob o ponto de vista de essa definição representar o elemento que melhor identifica a aplicação dos princípios jurídicos. Segundo o autor, a interpretação se a norma contém um tipo ou um conceito deveria ficar restrita a concepção de norma jurídica, concepção essa incompatível com o atual cenário jurídico, segundo o qual prevalece a ideia de aplicação do Direito pela argumentação, do que propriamente o estudo sobre a norma.[55]

---
[52] TORRES, Ricardo Lobo. *O Princípio da Tipicidade* ..., p. 229.
[53] ÁVILA, Humberto Bergmann. *Sistema Constitucional* ..., p. 180.
[54] Idem, p. 199.
[55] Ibidem, p. 199

Ávila expõe que os autores que diferenciam conceitos e tipos partem do pressuposto de que a porosidade do tipo não o relaciona com a segurança jurídica, ficando assim a norma que contém um tipo bem mais próxima de uma aplicação do Direito segundo a igualdade. No Direito Tributário, a preponderância da segurança jurídica, como forma de previsibilidade, conduziria a prevalência de uma tipicidade cerrada ou especificidade conceitual.[56]

Contudo, o mestre gaúcho argumenta que no Direito Tributário, nem tampouco em qualquer outro ramo do Direito, há primados abstratamente preferenciais. A primazia de um princípio frente a outro é decorrência da argumentação no caso concreto, sopesando-se os respectivos conteúdos normativos. Ávila identifica que a segurança jurídica e a igualdade estão em constante tensão, sem, contudo, haver prevalência para um lado, ou para o outro, inclusive no Direito Tributário. Citando Vogel e Tipke, Ávila demonstra que há autores de expressão que interpretam ser a Igualdade o principal critério para a aplicação do Direito Tributário, de forma que a identificação de um conceito, ou de um tipo, em uma norma, não seria decisiva à aplicação mais justa do Direito ao caso concreto.[57]

Ávila chama a atenção para o fato de que mesmo a aplicação simplificada do Direito, em prol da praticidade, não representa um critério decisivo para definir se uma norma contém um conceito. Isso porque, o Direito Tributário, ao mesmo passo que é limitado pela legalidade, também é limitado por diversos outros princípios. Como a praticidade não é um princípio tributário estruturador, não é ela que irá orientar a legalidade, mas sim, o contrário.[58]

---

[56] ÁVILA, Humberto Bergmann. *Sistema Constitucional* ..., p. 189.
[57] Idem, p. 192.
[58] Ibidem, p. 193.

Assim, o Princípio da Legalidade não poderia ser adotado como um critério para a antecipação de todas as decisões, de forma que a legalidade cerrada também não poderia ser uma exigência definitiva de um sistema de princípios.[59] O resultado disso é que a partir dos princípios não se conseguiria chegar a constatação de uma norma jurídica conter um tipo ou um conceito.

Ávila conclui que a separação entre tipos e conceitos não se justifica, sendo preponderante que, a partir então da teoria dos conceitos, sejam melhor interpretadas as regras de competência. Seria essa a forma que o mestre gaúcho aponta para complementar a teoria dos conceitos diante do caso concreto, sendo a argumentação o meio para se alcançar uma interpretação sistemática do Direito.[60]

1.2.6. A interpretação de Klaus Tipke

O jurista alemão Klaus Tipke possui extensas obras voltadas à investigação do Direito Tributário, tomando por base a análise do sistema jurídico alemão. De um modo geral, Tipke interpreta a incidência tributária como grande parte dos autores alemães, considerando que o nascimento da obrigação é fruto de um silogismo jurídico, formado pelo preenchimento de uma hipótese abstratamente prevista em uma norma superior, por meio de um fato real.[61]

O jurista alemão ressalta a presença da linguagem como o elemento formador da norma tributária, afirmando que cabe ao intérprete utilizar as prescrições legais como ponto de partida para qualquer interpretação.

---

[59] ÁVILA, Humberto Bergmann. *Sistema Constitucional ...*, p. 193.
[60] Idem, p. 201.
[61] TIPKE, Klaus. *Direito Tributário...*, p. 307.

Ao realizar esse processo de interpretação, Tipke adverte para a decisiva tarefa do intérprete em identificar se na regra há um *conceito-classe* ou de um *conceito-tipo*.[62] A partir dessa identificação, terá o intérprete maior ou menor espaço para a interpretação, na medida em que os *conceitos-classe* são descritivos, delimitando o objeto em um "catálogo taxativo de caracteres incondicionais".[63] Por outro lado, a presença na regra de um *conceito-tipo*, pela abertura dos sinais que englobam as características típicas do objeto, afasta uma incidência do tributo apenas diante do preenchimento de todos os caracteres do objeto, em movimento que é próprio do *conceito-classe*. O tipo "transmite a decisão pelo valor normativo-concreto do legislador".[64]

Cabe especial atenção para a conclusão de Tipke em definir o tipo como uma classe de conceito, ao contrário do pensamento de diversos autores, segundo os quais conceitos e tipos, por suas características, são espécies autônomas.

1.2.7. A interpretação de Arthur Kaufmann

A teoria de Arthur Kaufmann sobre a utilização dos tipos na Ciência do Direito parte da crítica feita pelo autor ao positivismo jurídico, em especial ao método de aplicação do Direito por subsunção. Kaufmann chega a expressar *ter a impressão de que o tempo parou* ao analisar que ainda hoje a aplicação do Direito por diversos juízes leva em consideração somente a lei, como se eles estivessem convencidos de que a decisão judicial justa pudesse ser resultado de um processo puramente objetivo.[65]

---

[62] TIPKE, Klaus. *Direito Tributário*..., p. 310.
[63] Idem, p. 310.
[64] Ibidem, p. 310.
[65] KAUFMANN, Arthur; HASSEMER, Winfried. Op. cit., p. 184.

Seguindo sua teoria, Kaufmann refere ser impossível aos juízes proferirem decisões sem considerar suas pré-compreensões. Considera ele não ser censurável que na interpretação dos casos práticos estejam os juízes abertos para suas compreensões individuais, na medida em que esse processo hermenêutico retira, em certa medida, o foco estrito na norma, abrindo uma valoração fática, sem obviamente desconsiderar a necessidade um mínimo de vinculação com as prescrições legais, como forma de evitar a discricionariedade.[66]

Dentro desse contexto, o autor exalta o papel do tipo na ciência jurídica contemporânea, referindo que o pensamento tipológico permite que o processo hermenêutico de interpretação do direito se afaste da subsunção.[67] A riqueza do tipo, ao permitir que uma totalidade mais ampla em representação seja inserida ao conteúdo da norma jurídica, afasta do direito o fechamento próprio do conceito.[68]

Kaufmann constrói boa parte de sua teoria contrapondo o jusnaturalismo ao positivismo, defendendo uma interpretação por meio da *natureza das coisas*, concepção que remete à ideia de tipo. Segundo o autor, a interpretação do direito pela *natureza das coisas* faz a ligação do *ser* ao *dever-ser*, retirando do campo fático ordenações, que, inversamente ao positivado, formam sistemas racionais relativamente resistentes as regulamentações contrárias.[69] Os tipos, colhidos no campo fático, trazem ao mundo jurídico realidades ordenadas, permitindo, inclusive, que sejam eles dotados de caráter orientador-metodológico para a jurisprudência, vez que evitam interpretações jurídicas

---

[66] KAUFMANN, Arthur; HASSEMER, Winfried. Op. cit., p. 189.
[67] KAUFMANN, Arthur. *Filosofia do Direito*. Lisboa: Fundação Calouste Gulbenkian, 2004, p. 141.
[68] Idem, p. 145.
[69] KAUFMANN, Arthur; HASSEMER, Winfried. Op. cit., p. 259.

desprovidas de semelhança com a realidade típica da sociedade.[70]

1.3. Paradigmas da tipicidade

De um modo geral, a doutrina contempla a abertura e fluidez como características próprias do tipo. Todavia, tais características acabam se confrontando com as concepções fechadas de sistema jurídico, em que a presença do conceito na lei é forma de limitar o universo de interpretação.

Historicamente, naquilo que se extrai da influência do jusnaturalismo, e, posteriormente, pelos positivistas,[71] o sistema jurídico foi estruturado com foco na criação de um sistema perfeito e cerrado, representativo de segurança, a partir de relações sociais regulamentadas. Contudo, as atrocidades dos tempos de guerra, marcadas principalmente pelo nazismo e pelo fascismo, além das experiências negativas vindas do regime socialista revolucionário russo e revolucionário brasileiro, colocaram a descoberto a concepção de que a segurança está fortemente ligada a lei, cujo conteúdo determinado e fechado evitaria as indesejadas tautologias.

Posteriormente, a busca pela praticidade da execução das leis, de leis que tenham a maior eficácia possível para regular as práticas sociais, e a estruturação de uma metodologia de investigação do caso concreto, foram fatores que acabaram criando um forte questionamento sobre a concepção de fechamento do sistema jurídico.

Fruto da constatação de que o fechamento do sistema jurídico se mostrava insuficiente para dar as respostas que a sociedade moderna precisa, surge a tipicidade como me-

---

[70] KAUFMANN, Arthur; HASSEMER, Winfried. Op. cit., p. 261.
[71] BALEEIRO, Aliomar. *Limitações Constitucionais ao Poder de Tributar*. 7. ed. Rio de Janeiro: Forense, 2003, p. 121.

todologia de investigação do Direito, possibilitando que, a partir de uma análise de realidades fluídas, graduações, traços de semelhança, se possa melhor representar o objeto de interpretação.[72] A interpretação tipificante do Direito surge como uma importante ferramenta para a ciência jurídica se alicerçar, dado que a abertura peculiar do tipo se ajusta, na concepção de Misabel de Abreu Machado Derzi, feito "uma luva à concepção moderna do direito, como um sistema aberto (nem acabado, nem rígido)".[73]

Apenas cabe a ressalva de que a interpretação do Direito por meio de tipos é apenas um dos métodos possíveis de aplicação, em que o traço característico se dá, segundo Karl Larenz, em decorrência da impossibilidade do conceito abstrato apreender a multiplicidade de manifestações do objeto de análise.[74] Reiterando a explanação de Ricardo Lobo Torres, o modo de pensar tipificante seria uma de três hipóteses de interpretação do Direito, em que a adequação do fato gerador abstratamente previsto se daria ao fato concreto por: (a) subsunção, quando o conceito do fato ocorrido na vida social deva se qualificar de acordo com a interpretação; (b) pela discricionariedade, quando, depois de interpretar os conceitos indeterminados acoplados às cláusulas discricionárias constantes da regra de incidência, a autoridade administrativa age nos limites da decisão equitativa; (c) pela tipificação, quando o conceito do tipo apreendido na realidade deva se ordenar segundo o conceito-tipo descrito na norma.[75]

Assim, importante frisar que a interpretação do direito por tipos seria contraposta a subsunção, estabelecendo uma diferença entre tipos e conceitos. Enquanto a presença de um conceito na norma levaria a aplicação do Direito

---

[72] LARENZ, Karl. Op. cit., p. 656.
[73] DERZI, Misabel de Abreu Machado. Op. cit., p. 51.
[74] LARENZ, Karl. Op. cit., p. 656.
[75] TORRES, Ricardo Lobo. *O Princípio da Tipicidade* ..., p. 229.

por subsunção, o tipo conduz a uma aplicação do Direito através da maior ou menor correlação do fato da vida com o tipo prescrito no texto.

1.3.1. Conceitos determinados e indeterminados

Ao contrário dos tipos, os conceitos são objeto de definição e de subsunção. Quando o aplicador do direito se depara com um conceito, seu desafio passa a ser interpretar se o conceito de fato descrito na norma se encaixa no fato da vida, de tal sorte que assim ocorrendo, estaria criada a obrigação tributária.

O conceito é uma forma de pensamento que busca aprisionar determinado objeto. Foi Karl Larenz o responsável pelo aperfeiçoamento da utilização de conceitos como elemento de interpretação na Ciência do Direito.[76] Andrei Pitten Velloso, ao definir conceito, refere que se trata, tomando-se a acepção do vocábulo de forma ampla, "de toda e qualquer soma de ideias caracterizada pela presença e pela ausência de determinadas propriedades".[77]

Ainda que a técnica de aplicação do Direito por meio de conceitos represente historicamente uma busca pela maximização da segurança jurídica, diante da percepção pela norma das propriedades e sinais de caracterização do objeto, sucede que a indeterminação é inevitável no Direito Tributário.[78] Inclusive, importante ressalvar que a vagueza de conteúdo não está propriamente no conceito ou no tipo, mas sim no signo linguístico que esse veicula. Ao mesmo tempo em que os signos jurídicos possuem vagueza ínsita, demandando do intérprete um processo de significação, em que a partir de um conteúdo mínimo, seja

---

[76] LARENZ, Karl. Op. cit., p. 621.
[77] VELLOSO, Andrei Pitten. *Conceitos e Competências Tributárias*. São Paulo: Dialética, 2005, p. 250.
[78] TORRES, Ricardo Lobo. *O Princípio da Tipicidade* ..., p. 201.

definido seu efetivo conteúdo jurídico, é importante ressaltar que os signos possuem sim um conteúdo mínimo. Não se pode confundir vagueza de significado com ausência de conteúdo mínimo. Andrei Pitten Velloso chama a atenção para o fato de que quanto maior for a vagueza ou a abertura da textura da linguagem, maior esforço interpretativo será demandado, sem que isso represente uma anemia semântica.[79] Mesmo os conceitos indeterminados, como bem enfatiza Celso Antônio Bandeira de Mello, possuem conteúdos determináveis, cuja densidade semântica é mínima, sob pena de deixarem de ser conceitos, para tornarem-se apenas ruídos.[80]

Conceito e tipo possuem duas distinções pontuais. Humberto Bergmann Ávila expõe essa distinção inicialmente pelo ponto de vista da espécie de combinação de elementos distintivos, já que o tipo representa uma "totalidade, graduável e aberta", sendo o conceito uma apresentação "rígida da soma de elementos distintivos", a qual um conjunto de fatos pode ser ou não subsumido. E, em um segundo plano, pelo método de aplicação, na medida em que um conjunto de fatos pode ser "mais ou menos" atribuído ao tipo, ao passo que o conceito somente aceita ser preenchido integralmente.[81]

Dentro dessa medida, os conceitos podem ser divididos em determinados e indeterminados, de acordo com seu o grau de determinação frente ao objeto que buscam aprisionar. Dentro do gênero conceito, podem ser encontrados conceitos determinados e conceitos indeterminados, cujo traço diferencial encontra-se na discricionariedade outorgada pelo legislador ao aplicador do Direito. Enquanto o conceito determinado limita sobremaneira o objeto de

---

[79] VELLOSO, Andrei Pitten. *Conceitos e Competências Tributárias*. São Paulo : Dialética, 2005, p. 32.
[80] MELLO. Celso Antônio Bandeira de. *Discricionariedade e Controle Judicial*. São Paulo: Malheiros, 1993, p. 28.
[81] ÁVILA, Humberto Bergmann. *Sistema Constitucional ...*, p. 171.

interpretação, o conceito indeterminado amplia o poder discricionário do aplicador da lei, permitindo que ao caso concreto sejam atribuídos juízos de oportunidade e conveniência, tal como ocorre diante das expressões "urgência" e "medidas úteis e adequadas".[82]

Não se ignoram as diversas categorias de conceitos construídas pela doutrina jurídica, de forma que seria indevida a simplificação apenas pela diferenciação entre conceitos determinados e indeterminados. Na interpretação de Karl Larenz, por exemplo, poder-se-ia falar ao menos em conceitos abstratos, conceitos de classe e conceitos determinados pela função.[83] Tampouco se poderia afirmar que no campo da apreensão de conteúdo jurídico haveria uma distinção estanque entre tipos e conceitos simplesmente, sendo possível citar o princípio carecido de conteúdo como exemplo de outra forma utilizada pela Ciência do Direito para representar a formação do pensamento jurídico.[84] Contudo, como representação e para efeitos de diferenciação entre tipos e conceitos, as categorias de conceitos determinados e conceitos indeterminados se prestam adequadamente aos propósitos do presente estudo.

Isto porque, é fato que o tipo vem recebendo, modo geral, pela doutrina o tratamento de conceito determinado. Como exposto, o tipo é outra forma de pensamento jurídico, em que mesmo abstrata, pelo conjunto de traços distintivos do objeto de análise estar unido, acaba preservando a unidade da imagem fornecida intuitivamente, ao passo que o conceito, por sua característica fechada e classificatória, apreende um número limitado de características.[85]

---

[82] DERZI, Misabel de Abreu Machado. Op. cit., p. 107.
[83] LARENZ, Karl. Op. cit., p. 650-653.
[84] LARENZ, Karl. Op. cit., p. 650.
[85] VELLOSO, Andrei Pitten. *Conceitos e Competências Tributárias*. São Paulo: Dialética, 2005, p. 252.

Analisando o enunciado do art. 156, III, da CF/88 (redação dada pela EC n. 03/93), cuja redação alude à definição de serviço em lei complementar, o Constituinte tratou de instituir o imposto sobre serviço, de competência municipal. Desconsiderando para os propósitos desse estudo a correção da interpretação do Supremo Tribunal Federal de que a definição de "serviços de qualquer natureza" ficou constitucionalmente delegada ao legislador infraconstitucional,[86] houve no exemplo a definição de um conceito, tendo o conceito de serviço sido preenchido pelo rol de hipóteses definidas pelo legislador infraconstitucional como tal. Ao contrário, quando criada à taxa ambiental, a Lei n. 9.960/2000, em seu art. 8º, criou a figura das "atividades potencialmente poluidoras ou utilizadoras de recursos ambientais", o chamado *poluidor-pagador*. Ricardo Lobo Torres é categórico em afirmar que poluidor "não é um conceito jurídico, nem mesmo indeterminado, mas um tipo, que existe na realidade da sociedade de riscos e é inicialmente tipificado por leis recentes, suscetíveis de ulteriores regulamentações tipificadoras e até de atos administrativos tipificadores".[87] Embora o Supremo Tribunal Federal tenha censurado em parte a legislação, interpretando que o simples fato da empresa estar obrigada ao registro no Cadastro Técnico Federal de Atividades potencialmente Poluidoras ou Utilizadoras de Recurso Ambientais não a caracteriza como poluidora, é fato que foi instituído perante o sistema jurídico brasileiro a figura do poluidor para efeitos tributários. De modo geral, a doutrina vem definindo o poluidor como o melhor pagador, ou

---

[86] RE n. 144.795-8/SP, 1ª Turma, *D.J.* de 12.11.93. Na oportunidade, o Ministro Ilmar Galvão, afirmou que: "o fornecimento de alimentação e bebidas, para consume no próprio estabelecimento, no caso de restaurante, bares, boates, ect., compreende-se na hipótese de mercadoria fornecida com prestação de serviço, pelo singelo motivo de que não se acham relacionados em lei complementar, como exigido pela Constituição (art. 156, IV), os serviços envolvidos na operação, prestados por cozinheiros, maîtres e garçons."

[87] TORRES, Ricardo Lobo. *O Princípio da Tipicidade* ..., p. 210.

seja, aquele que exerce atividade suscetível de fiscalização pelos órgãos públicos, uma vez que como poluidor se poderia apontar desde a empresa, até mesmo o consumidor de energia que utiliza o recurso energético com excesso ou em desacordo com padrões ambientais.[88]

Assim, a definição do poluidor acaba ficando aberta e fluída, própria da concepção do tipo, não apreendo um número limitado de características, nem tampouco deixando livremente ao juízo de valor do intérprete o preenchimento do seu conteúdo jurídico. O signo poluidor conforma um tipo, cujo conteúdo jurídico se apreende pela coleta dos dados empíricos, somados, para a formação do tipo real normativo, como ocorre com as regulamentações sobre a matéria, mas nunca com o esgotamento de certo número de características.

Inclusive, cabe ser enfatizado que existem autores que desconsideram a existência de conceitos indeterminados, distinguindo apenas tipos de conceitos, por considerar que conceitos são sempre fechados. Misabel de Abreu Machado Derzi, expondo o confronto de entendimento entre Winfried Hasserner e Detflef Leenen, mostra que o primeiro "reconhece a existência dos tipos mas identifica-os aos conceitos abertos. Os conceitos fechados seriam pensamentos classificatórios, opondo-se ao tipológico ordenador. Aí, pois, tipo também é conceito, mas uma espécie de conceito: o aberto, graduável e flexível".[89] Já a visão defendida por Detflef Leenen dá conta de uma concepção independente do tipo, que se opõe ao conceito, "procurando distinguir os conceitos abertos e indeterminados dos tipos propriamente ditos".[90] Como já exposto, Karl Larenz, embora até a terceira edição de sua obra classificasse os ti-

---

[88] ARAGÃO, Maria Alexandre de Souza. *O Princípio do Poluidor Pagador. Pedra Angular de Política Comunitária Ambiental*. Coimbra: Coimbra Editora, 1977, p.136.
[89] DERZI, Misabel de Abreu Machado. Op. cit., p. 86.
[90] Idem, p. 115.

pos em abertos e fechados, reformulou sua interpretação, passando a definir os tipos apenas e sempre como abertos.[91]

De qualquer sorte, importante é ser enfatizada a relação dos conceitos com o método de aplicação do Direito por subsunção, e a forte influência que a segurança jurídica possui sobre essa forma de interpretação jurídica. O legislador ao selecionar, ou seccionar, restringe a abrangência de conteúdo atribuível ao signo linguístico que descreve o evento realístico, buscando, assim, que o direito ganhe em previsibilidade de resposta.

1.3.2. O conceito formado a partir do tipo

Para analisar a possibilidade da formação de conceitos jurídicos a partir de tipos, destacamos nossa associação com a corrente doutrinária dos autores que defendem conceitos e tipos como estruturas distintas.[92] De igual sorte, relevante considerar a existência de *tipos empíricos* ou *reais* e dos *tipos reais normativos*, assim compreendidos, os primeiros, como os acontecimentos frequentes colhidos a partir da realidade social, de acordo com aquilo que se pode definir como típico. Por *tipo real normativo*, valendo-se da expressão denominada por Karl Larenz,[93] compreende-se a formação do dispositivo legal com um tipo, em que o Legislador descreve uma realidade graduável e aberta, cujos traços distintivos permitam que as realidades fáticas sejam correlacionados ao texto legal com maior ou menor grau de similitude.[94]

---

[91] LARENZ, Karl. Op. cit., p. 644.
[92] Idem, p. 117; LARENZ, Karl. Op. cit., p. 301; ÁVILA, Humberto Bergmann. *Sistema Constitucional* ..., p. 186-192.
[93] LARENZ, Karl. Op. cit., p. 662.
[94] ÁVILA, Humberto Bergmann. *Sistema Constitucional* ..., p. 174.

Embora o tipo e o conceito sejam estruturas distintas, pode o legislador fechar o tipo em um conceito, quando o objetivo for buscar maior rigor e precisão legislativa, ainda que como ponto de partida haja a descrição de um evento recorrente e médio. José Souto Maior Borges nos ensinou que a Ciência do Direito é construída a partir do direito positivado, de forma que sua tendência, como tendência da ciência em geral, é de classificar, buscando conclusões precisas e exatas, para que como ciência efetivamente seja reconhecida.[95] Ao se buscar o rigor afeito a ciência, ou a segurança jurídica que o legislador tanto almeja, seria possível se valer de um tipo, descrevendo a recorrência usual de determinado fenômeno, contudo, fechando-o em um conceito determinado.

Por exemplo, ao partir da realidade social de que os indivíduos necessariamente gastam dinheiro com a sua subsistência e de seus dependentes, o legislador identificou a média desses gastos, vinculando-a em determinadas faixas de ganho anual. O art. 90 do Decreto nº 3.000/99 (Regulamento do Imposto de Renda) prescreve a faixa de gasto médio e frequente da população com as necessidades vitais, quantificando esse valor em uma grandeza fechada, de tal sorte que o contribuinte que faz a apuração simplificada do imposto, a faixa de dedução não admite prova de que seu gasto pessoal superou o limite de dedução geral e abstratamente prescrito. Na prática o legislador, utilizando um tipo, o fechou em uma presunção, em prática legislativa que mais a frente será abordada nesse estudo.

Assim, ainda que seja principiológico afastar da tributação do imposto de renda os gastos pessoais do contribuinte, o legislador não permitiu que tal gasto, reitera-se, naquilo que diz respeito à forma simplificada de declara-

---

[95] BORGES, José Souto Maior. *Obrigação Tributária*: uma introdução metodológica. 2. ed. São Paulo: Malheiros, 2001, p. 149.

ção do imposto, ficasse a cargo de prova, preferindo colher na realidade social o gasto médio com subsistência da população. Através da quantificação do gasto médio, e ai diga-se, fechando-o em um signo numérico, a padronização foi o meio para se alcançar uma medida de previsão.

Através do exemplo exposto, fica clara a possibilidade de, através de um tipo se formar um conceito fechado, permitindo, assim, que por meio de uma quantificação ou qualificação de uma realidade graduável, afaste-se o traço particular e se generalize.

1.4. A tipicidade como instrumento para uma interpretação sistemática do direito

Vem-se sustentando ao longo desse estudo que não há mais espaço no Direito para a concepção de subsunção automática da regra ao caso. A dedução simplesmente formal como meio de interpretar o Direito não se relaciona com o sistema axiológico de princípios e valores formados pela Constituição. Nesse aspecto, ao se abandonar a indeterminação dos conceitos normativos, em prol da tipicidade, valendo-se de seu traço fluído e aberto, é intuitivo que se estaria contribuindo para uma interpretação sistemática do direito.

Todavia, essa não vem sendo a realidade vivenciada no Brasil, uma vez que a tipicidade está sendo preponderantemente usada como justificativa para a simplificação da execução e fiscalização da lei tributária. Como bem adverte Misabel de Abreu Machado Derzi, o fenômeno da interpretação é caracterizado pela individualização do processo, analisando-se o caso concreto, ao passo que essa espécie de "tipicidade" proporciona a aplicação do Direito em massa, substituindo o caso isolado, por uma utilização do padrão.[96]

---

[96] DERZI, Misabel de Abreu Machado. Op. cit., p. 332.

Seria inapropriado dar as costas ao fato gritante de que o Texto Constitucional está cravejado de princípios, cuja importância, segundo a referência de Eros Roberto Grau, "é enorme".[97] Adverte o autor que toda interpretação de uma norma jurídica está condicionada ao influxo dos princípios, dando sentido deontológico a sua interpretação.[98]

Assim, considerando o caráter aberto das normas que contêm tipos, que permitem ao intérprete a correlação do fato, não sob o ponto de vista limitado da subsunção, mas sim de intensidade dentro de uma escala, com o devido controle realizado pelos princípios, estaríamos diante de uma interpretação qualificada pelo seu caráter sistemático.

Obviamente que a insegurança de uma sociedade que diariamente convive com os vícios das improbidades e prevaricações prefere eliminar qualquer grau de liberdade do agente público. Contudo, a modernidade impõe, ainda mais em países que correm em busca do seu desenvolvimento, a evolução social em todos os níveis. Claro, essa necessidade se aplica à Ciência do Direito. Tomando a lição de Juarez Freitas, "a hierarquização axiológica revela-se impositiva, o balanceamento é inarredável; e a hierarquização axiológica, uma realidade onipresente".[99]

Como o processo de interpretação do Direito não é automatizado, o texto legal acaba não revelando por si só o efeito da lei ao caso, proporcionando ao aplicador, através do tipo, o raciocínio indutivo ínsito da interpretação, o que teoricamente representaria uma contribuição para a interpretação sistemática do Direito. Contudo, como será exposto, a tipicidade não vem recebendo uma tradução

---

[97] GRAU, Eros Roberto. Op. cit., p. 153.
[98] Idem, p. 201.
[99] FREITAS, Juarez. *Discricionariedade Administrativa e o Direito Fundamental à Boa Administração Pública*. São Paulo: Malheiros, 2007, p. 10.

fiel pela prática, servindo mais como fundamento para a implementação de mecanismos de praticidade, do que propriamente para alcançar interpretações verdadeiramente sistemáticas.

1.4.1. A criação legislativa e sua insuficiência prática

Partindo do pressuposto de que a tarefa do legislador é extremamente árdua, ao se considerar a dinâmica do surgimento de novas realidades na sociedade moderna, de início já se pode concluir que nem sempre a legislação conseguirá regular a integralidade das situações de fato que o mundo da vida produz. O legislador encontra no fator tempo um importante inimigo ao seu papel de regulador das condutas de interação humana. A dinâmica dos fatos, marcada pela rapidez das evoluções tecnológicas, científicas e dos comportamentos sociais próprios da pós-modernidade, torna impossível ao legislador cumprir seu papel em tempo hábil, capaz de acompanhar a realidade dos fatos.

A pós-modernidade trouxe consigo o fenômeno do avanço acelerado dos meios de comunicação, da ciência, da tecnologia, dos transportes e de outros fatores. Tais avanços mantêm uma relação direta de influência com as relações sociais, sendo um facilitador das relações de consumo, das prestações de serviço, do incremento dos meios produtivos e do aumento das relações internacionais. Analisando a comparação entre o dinamismo da sociedade moderna e a tarefa do legislador, Boaventura de Souza Santos chama a atenção para uma "desdogmatização" do Direito, marcada pela assustadora velocidade da evolução das condutas sociais e pelo ceticismo quanto a sua capacidade em acompanhar os movimentos sociais.[100]

---
[100] SANTOS, Boaventura de Souza. *Introdução a uma Ciência Pós-Moderna*. Rio de Janeiro: Graal, 1989, p. 17.

O Direito é por excelência o mediador das relações sociais, positivando regras e princípios que regulam as práticas sociais, como forma de organizar a vida em sociedade. Contudo, o Direito está submetido a regras que o próprio Direito impõe para a sua positivação, uma vez que a segurança demanda procedimentos e processos dotados de determinados rigores. O choque dessas realidades, quais sejam, a rapidez dos avanços sociais da pós-modernidade, versus o natural rigor formal de regulação das condutas sociais, impõe o que Cláudia Lima Marques define como "tempos de ceticismo quanto à capacidade da ciência do direito de dar respostas adequadas e gerais aos problemas que perturbam a sociedade atual e modificam-se com uma velocidade assustadora".[101]

Em verdade, quando maior e mais veloz for o avanço das práticas sociais, e temos convicção de que essa é uma realidade irreversível, maiores dificuldades terá o Direito para acompanhar esse fenômeno, com a eficácia necessária para editar regras capazes de regular os problemas que perturbam a vida em sociedade.

Diante dessa constatação, coube a Ciência do Direito buscar soluções práticas para a efetiva aplicação do Direito, visando a superar essa deficiência legislativa, em busca da justiça como objetivo final. Nesse momento que o pensamento sistemático de interpretação do direito surge como movimento difuso, em busca de uma análise mais completa do fenômeno jurídico, não tão vinculada à norma e às dificuldades acima expostas.[102]

No Direito Tributário, o normativismo vivencia bastante essa dificuldade, ao ter fixado a norma como objeto de interpretação em sua matriz teórica. O pensamento sistemático também se adapta ao Direito Tributário como

---

[101] MARQUES, Cláudia Lima. Op. cit., p. 155.
[102] CALIENDO, Paulo. Da Justiça Fiscal: Conceito e Aplicação. *Revista Interesse Público*, n. 29, Ano VI, 2005, p. 161.

um movimento voltado para superar as dificuldades da análise da norma, através de conceitos, dando ao intérprete um papel de maior relevância, através da argumentação jurídica (discurso).

A partir dessas considerações, a concepção de que o ordenamento jurídico necessariamente deve ser aberto, permitindo ao intérprete concretizar as prescrições do texto segundo cada caso e, especialmente, segundo o contexto histórico do momento da interpretação, fica reforçado. Eventuais défices históricos da lei podem ser supridos pela interpretação dos princípios e dos valores que compõem o sistema. Essa concepção reforça a ideia de discurso como a unidade nuclear de interpretação do direito.[103]

É sofismática a constatação de que as práticas sociais se desenvolvem com maior rapidez do que é capaz o Direito de regulá-las. Assim, acaba sendo empírico afirmar que o Direito somente estará apto a acompanhar a rapidez do desenvolvimento das práticas sociais se for capaz de dar respostas que não necessariamente sejam precedidas da edição de novas regras e princípios. Nesse momento, que o intérprete se torna um elemento decisivo no processo de aplicação e eficácia do Direito, cujo discurso é sua ferramenta de trabalho.

1.4.2. A insuficiência do normativismo. A ideia de norma de Kelsen e as contribuições e críticas da aplicação do Direito por subsunção

Ao se tratar do normativismo como modelo teórico de aplicação do Direito, impossível não se considerarem as relevantes contribuições do jurista austríaco Hans Kelsen, em especial por ter sido ele o responsável pela construção, ou, por assim dizer, desvendar a hierarquização de

---

[103] CALIENDO, Paulo. Da Justiça Fiscal ..., p. 161.

normas como meio de controle da inconstitucionalidade e da ilegalidade das disposições positivadas.

No topo da teoria juspositivista, Kelsen apresenta a obra *Teoria Pura do Direito*, em que o jurista vienense destaca dois modelos para os ordenamentos normatizados, um de caráter material, verificando a relação entre as normas, tendo a norma fundamental como ápice da pirâmide, e um modelo formal, em que se estabelece a autoridade competente, independente do conteúdo normativo. A *Teoria Pura do Direito* é a mais importante manifestação do positivismo jurídico normativista. Mesmo reconhecendo a existência do Direito nos planos objetivo e subjetivo, Kelsen afirma que a Ciência do Direito deve preocupar-se tão somente com a norma (dever-ser), considerando a *justiça* apenas uma utopia.[104]

Kelsen definiu que as condutas humanas, sob o ponto de vista jurídico, podem ser objetivas ou subjetivas, apenas se tornando normas jurídicas quando uma conduta subjetiva puder enquadrar-se no modelo conceitual objetivo prescrito pelo legislador.[105] O "dever ser" é o sentido subjetivo de qualquer ato de vontade ligado a uma conduta humana.

Contudo, diante de atos de vontade que não possuem sua descrição em uma norma jurídica, Kelsen interpreta que somente existiria uma norma jurídica capaz de produzir efeitos quando a conduta humana subjetiva (*ser*) pudesse ser subsumida em uma norma descrita por um tipo legal (*dever ser*).[106] A norma funciona como "esquema de interpretação",[107] em que uma conduta humana passa a ter sua confirmação como conduta jurídica (lícita ou ilí-

---

[104] KELSEN, Hans. *Teoria Pura do Direito*. Tradução de João Batista Machado. São Paulo: Martins Fontes, 2000, p. 5.
[105] Idem, p. 3.
[106] Ibidem, p. 3.
[107] Ibidem, p. 4.

cita) quando interpretado e afirmado seu enquadramento naquilo que regula a prescrição legal positivada. Como exemplo, expõe o jusfilósofo que o fato de alguém dispor por escrito de seu patrimônio para depois da morte, subjetivamente é caracterizado como testamento, ao passo que para o Direito, por deficiência de forma, não confirma objetivamente aquela conduta humana como uma norma jurídica.[108]

A partir dessas e de outras interpretações que Kelsen se tornou o principal filósofo do Direito da era moderna. Ainda que suas conclusões sejam criticadas, não há jurista que não considere as definições de Kelsen sobre a norma jurídica como ponto de partida para a construção das suas interpretações.

Foi com base na teoria do direito de Kelsen, partindo da concepção de que a incidência tributária é resultado da subsunção do fato (*ser*), ao conceito prescrito na norma (*dever ser*), que o pensamento normativista se difundiu como modelo teórico de interpretação do Direito Tributário. O normativismo denota uma concepção de sistema jurídico em que o conteúdo normativo das regras é heterogêneo, como se o conjunto das mesmas pudesse cobrir as múltiplas manifestações de condutas humanas.

No Brasil, o normativismo teve no Direito Tributário a decisiva contribuição do mestre paulista Paulo de Barros Carvalho, que, ao expor analiticamente a "regra-matriz de incidência tributária", trouxe uma importante contribuição doutrinária sobre os fundamentos jurídicos da incidência.[109] Segundo Paulo de Barros Carvalho:

> Quando se fala em incidência jurídico-tributária estamos pressupondo a linguagem do direito positivo projetando-se sobre o campo material das condutas intersubjetivas, para organizá-las deonticamente. Nenhuma diferença há entre a percussão de uma regra jurídica qualquer e a

---

[108] KELSEN, Hans. *Teoria Pura...*, p. 03.
[109] CARVALHO, Paulo de Barros. Op. cit., p. 80.

incidência da norma tributária, uma vez que operamos com a premissa da homogeneidade lógica das unidades do sistema, consoante a qual todas as regras teriam idêntica esquematização formal, quer dizer, em todas as unidades do sistema encontraremos a descrição de um fato "F" que, ocorrido no plano da realidade físico-social, fará nascer uma relação jurídica (S' R S") entre dois sujeitos de direito, modalizada com um dos operadores deônticos: obrigatório, proibido ou permitido.[110]

Sem dúvida, o modelo normativista de sistema jurídico, capitaneado por Hans Kelsen, e desenvolvido no Direito Tributário brasileiro por Paulo de Barros Carvalho, é de relevância extraordinária para o desenvolvimento da Ciência Jurídico-Tributária pátria. O desenvolvimento de um modelo de incidência tributária, em que a obrigação ganha juridicidade a partir da subsunção de uma conduta subjetiva, a linguagem positivada, certamente dá ao fenômeno da incidência uma conotação de segurança e previsibilidade, valores relevantes ao Direito Tributário, naquilo que prescreve o art. 150, I, da Constituição Federal.[111]

Ocorre que a natureza constitucional de nosso sistema jurídico tributário o faz um sistema comunitário, fortemente pautado pela cidadania, como revelam os valores consagrados no Preâmbulo da Constituição Federal e o vasto rol de direitos fundamentais nela inseridos. Ainda que a Constituição Federal consagre grande espaço às normas tributárias, importante considerar, como afirma Paulo Caliendo, que estando ela no topo do sistema e regulando diversas outras matérias, tais valores devem ser também analisados diante da incidência tributária.[112]

Embora o modelo normativista tenha fundamental relevância para o desenvolvimento da doutrina do Direito Tributário, o mesmo acaba não dando a devida atenção

---

[110] CARVALHO, Paulo de Barros. Op. cit., p. 07.
[111] Art. 150. Sem prejuízo de outras garantias asseguradas ao contribuinte, é vedado à União, aos Estados, ao Distrito Federal e aos Municípios: I – exigir ou aumentar tributo sem lei que o estabeleça;
[112] CALIENDO, Paulo. *Direito Tributário ...*, p. 211.

aos demais valores prescritos pelo sistema tributário constitucional, muito por estar baseado na pré-positivação da conduta humana para a ocorrência do fenômeno tributário. Afirma com pertinência Juarez Freitas que "o sistema apresenta-se, por assim dizer, dotado de conformação plástica, derivada da imbricação dos princípios, ainda naquelas hipóteses em que a rigidez aparenta sugerir solução cabalmente vinculada".[113] A incidência tributária por subsunção, ao objetivar atribuir segurança e previsibilidade às relações tributárias, não refuta as necessidades de um sistema constitucional composto por direitos e deveres fundamentais, imbricados ao longo de todo o corpo constitucional, cuja insuficiência legislativa é notória para regular a integralidade das situações concretas.

Por tais razões, em especial por nosso sistema jurídico ser um sistema de direitos e deveres fundamentais, a incidência tributária por subsunção não atinge todas as necessidades de uma "constituição cidadã", em que o pensamento sistemático, na acepção de Hans-Georg Gadamer, supre com maior propriedade.[114]

1.4.3. O pensamento sistemático

Fundamentada em uma ideia de justiça material e de que o sistema jurídico é composto por uma rede hierarquizada de princípios e valores, bem mais amplo do que a concepção dedutivo-normativista de um sistema fechado e completo, a interpretação do Direito segundo o pensamento sistemático defende a abertura do sistema jurídico.[115]

O Direito, como bem define o mestre gaúcho Juarez Freitas, apresenta-se como uma "rede axiológica e hierar-

---

[113] FREITAS, Juarez. *Discricionariedade Administrativa e o...*, p. 52.
[114] GADAMER, Hans-Georg. *Verdade e Método...*, p.10.
[115] CALIENDO, Paulo. Da Justiça Fiscal..., p. 165.

quizada de princípios gerais e tópicos, de normas e de valores jurídicos".[116] No processo de interpretação, a lei seria apenas o primeiro e menor elo de um sistema de normas, do qual fazem parte os princípios e os valores, não sendo elas o único fundamento jurídico para a criação das normas.

No estudo do Direito Tributário, a doutrina passou boa parte do último período analisando a teoria da norma tributária, capitaneada pela relevante contribuição de Paulo de Barros Carvalho sobre a *regra-matriz de incidência tributária*. Contudo, a análise do Direito Tributário, tomando como ponto de partida a norma, embora traga compreensão satisfatória do sistema tributário, adverte Paulo Caliendo, "exige renovados estudos sobre o discurso tributário".[117] Seguindo sua interpretação, Paulo Caliendo demonstra que a interpretação do Direito Tributário exclusivamente com foco na norma é incompleta, exigindo um giro teórico, visto que o *sistema jurídico constitucional* é formado por regras e princípios, de tal sorte que para a compreensão do Direito Tributário também devem ser analisados os valores dispostos ao longo da Constituição, evitando uma interpretação focada apenas na norma (parte do todo).[118]

Considerando que o Direito Tributário não se esgota, naquilo que prescreve o art. 5º, § 2º, da Constituição Federal, nas normas construídas a partir do Sistema Tributário Nacional, sendo certo que ao longo do texto constitucional estão espalhados, de forma explícita e implicitamente, valores gerais bastante relevantes para sua adequada interpretação, seria equivocado deixar de considerar a integralidade axiológica do sistema jurídico para a incidência do fenômeno tributário. Ainda que o Sistema Tributário

---

[116] FREITAS, Juarez. Op. cit., p. 15.
[117] CALIENDO, Paulo. Da Justiça Fiscal ..., p. 159-198.
[118] Idem, p. 163.

Nacional seja um capítulo específico da Constituição Federal (arts. 145 a 162), as disposições constitucionais que regulam a relação tributária não se limitam as prescrições nele contidas, fazendo surgir um sistema que se completa em disposições constitucionais externas. O Sistema Tributário Nacional é aberto, não somente pelo fato de permitir ao intérprete construir a norma tributária (direito vertido em linguagem), mas também por se formar com o auxílio de outras normas constitucionais, que nele não estão dispostas.[119]

Exatamente por isso que a concepção sistemática de direito tem grande valia para a construção das limitações constitucionais ao poder de tributar, em especial ao seu conteúdo material. Ao se considerar que o Sistema Tributário Nacional mantém uma abertura para os demais valores espalhados, explícita e implicitamente, ao longo do texto constitucional, em especial para os princípios fundamentais e para os direitos fundamentais,[120] a incidência dos tributos pode ser interpretada sob enfoques que supostamente seriam estranhos às limitações materiais. O artigo 150, ao regular as limitações constitucionais ao poder de tributar, define que as limitações, "sem prejuízo de outras garantias asseguradas ao contribuinte". De igual sorte, limitações como aquelas dispostas e decorrentes dos princípios fundamentais (arts. 1º a 5º), e dos direitos e garantias fundamentais (arts. 5º a 17), afirmam a abertura do sistema tributário, provando que outras garantias não dispostas expressamente, mas dedutíveis e compatíveis com o mesmo, reenviam conteúdo jurídico à construção de suas normas.

Ao se aplicar uma lei, a rigor se esta aplicando o ordenamento jurídico como um todo, como bem adverte Juarez Freitas, definindo que "ao intérprete incumbe dar sistema-

---

[119] ÁVILA, Humberto Bergmann. *Sistema Constitucional* ..., p. 108.
[120] Idem, p. 21.

ticidade à norma, vale dizer, colocá-la, formal e substancialmente, em harmonia com o sistema jurídico".[121]

Ocorre que a aplicação harmoniosa da norma em relação ao sistema jurídico deve levar em consideração, ao menos, a hierarquia das normas como critério para a sistematização. Ainda que não seja o objeto desse estudo divagar sobre o critério de hierarquização das normas, deve ser considerado que ao se fazer a interpretação de uma lei com base em um princípio (explícito ou implícito), o intérprete esta assumindo a superioridade daquela norma frente às demais, como enfatizou Ricardo Guastini.[122] Segundo Humberto Bergmann Ávila, as normas jurídicas encontram-se em permanente conflito no ordenamento, sendo tarefa argumentativa do intérprete a justificação da hierarquização de uma norma frente à outra.[123]

Através da argumentação é que se podem controlar as escolhas, resguardando a coerência e unidade do sistema (controle de constitucionalidade), garantindo a efetiva abertura da norma como meio de materialização do pensamento sistemático, em busca de uma justiça material. Paulo Caliendo ensina que é no discurso jurídico que encontramos o encadear dos princípios, regras e valores, como fio condutor para um pensamento sistêmico.[124]

1.4.4. A tipicidade como adequação entre o abstrato e o concreto

Como visto anteriormente, a aplicação do Direito segundo a visão tipológica parte da concepção de que o tipo

---

[121] FREITAS, Juarez. *A interpretação Sistemática do Direito*. São Paulo: Malheiros, 1995, p. 50.
[122] GUASTINI, Ricardo. *Distinguiendo* – Estudios de Teoria e Metateoría del Derecho. Barcelona: Gedisa, 1999, p. 220.
[123] ÁVILA, Humberto Bergmann. *Sistema Constitucional* ..., p. 28.
[124] CALIENDO, Paulo. Da Justiça Fiscal..., p. 165.

é flexível e aberto, permitindo, assim, que as transições de uma sociedade em constante mutação sejam inseridas, com maior facilidade, para o interior da norma jurídica.

Como contrapartida, a concepção fechada e rígida de sistema jurídico, em que a aplicação do Direito é resultado de um silogismo lógico-formal,[125] criado a partir da justa adequação do fato ao seu conceito inserido na norma, tendo como consequência o fenômeno jurídico, restringe bastante a tarefa do intérprete. Ainda que seja verdadeiro, como defende Jorge Lobo Torres, que a "subsunção não é inferência puramente lógico-formal, que se possa fazer por intermédio do computador ou da linguagem binária, senão que é qualificação do fato segundo valoração da lei",[126] não se pode desconsiderar, como adverte Arthur Kaufmann, que a pretensão de uma linguagem extremamente precisa, capaz de apanhar todos os fenômenos sociais, somente seria alcançada as custas de um extremo esvaziamento do conteúdo e do sentido jurídico pretensamente trazido por ela.[127]

Mesmo nos casos em que haja a presença de um tipo na norma, a aplicação da lei é decorrência de um silogismo, sendo que tal processo, como aponta Karl Larenz, se baseia na existência de duas premissas, em que a maior é a hipótese descrita no texto, e a menor, o fato da vida que nela se encaixa para surgir a consequência também no texto descrita.[128] O que difere na hipótese da norma conter um tipo, ou um conceito, é a amplitude de análise que se permite ao intérprete e a forma de associação entre o fato descrito na norma e sua ocorrência na vida.

---

[125] XAVIER, Alberto. *Manual de Direito Fiscal*. Lisboa: Faculdade de Direito de Lisboa, 1981, p. 130.
[126] TORRES, Ricardo Lobo. *O Princípio da Tipicidade* ..., p. 23.
[127] KAUFMANN, Arthur. *Filosofia do* ..., p. 75.
[128] LARENZ, Karl. Op. cit., p. 40.

No Direito Tributário, a aplicação da lei por silogismo é amplamente defendida. A incidência tributária surge quando determinado evento social (fato) se amolda com a sua descrição genérica, veiculada por meio de uma norma, cuja aplicação é necessariamente humana. Como afirma Paulo de Barros Carvalho:

> Podemos notar, com hialina clareza, que a incidência não se dá "automática e infalivelmente" com o acontecimento do fato jurídico tributário, como afirmou de modo enfático Alfredo Augusto Becker. Com o mero evento, sem que adquira expressão em linguagem competente, transformando-se em fato, não há que se falar em fenômeno da incidência tributária.[129]

Assim, é importante ressaltar que o fenômeno tributário não é um mero ato de imposição da lei, havendo importante papel do aplicador, diante da necessidade de se valorar fatos, sob o ponto de vista do respectivo conceito genérico prescrito pelo direito positivo. O papel do discurso no fenômeno de incidência tributária afasta, de certo modo, a ideia de objetividade que os mais positivistas gostariam de reservar ao Direito Tributário, como se a segurança jurídica fosse alcançada por meio de uma legalidade cerrada. O aplicador do Direito, agente competente para adequar o fato gerador concreto ao fato gerador abstrato, e, com isso, criar o crédito tributário, é humano, trazendo consigo suas "pré-compreensões", tomando-se aqui a expressão do notável Hans-Georg Gadamer.[130]

O tipo, sendo aberto e possibilitando a graduação dos fatos segundo uma ordenação de dados semelhantes, pode, em situações de ausência da necessidade extremada da segurança jurídica, substituir o conceito abstrato, dando maior autonomia ao intérprete para valorar o sistema

---

[129] CARVALHO, Paulo de Barros. Op. cit., p. 10.
[130] GADAMER, Hans-Georg. *Verdade e Método...*, p. 41.

jurídico como um todo, através da argumentação própria do pensamento sistemático.[131]

Em matéria tributária, a adequação entre o abstrato e o concreto é o meio pelo qual surge a incidência tributária, fenômeno que possui a decisiva participação humana. Considerando as constantes mutações sociais e a integralidade dos valores e princípios inseridos explícita e implicitamente no corpo constitucional, forçar interpretações cerradas das normas pode afastar a justiça – conceito central do direito segundo Paulo Caliendo.[132]

1.4.5. O intérprete como derradeiro aplicador do Direito

A atividade de interpretar pode ser descrita como a produção de um ou mais sentidos a partir da observação de um fenômeno. A observação de um determinado fenômeno, sob certo ponto de vista, propicia que uma interpretação seja produzida como resultado.

Riccardo Guastini define com precisão a distinção da interpretação jurídica entre *"interpretećión en abstracto"* e *"interpretación en concreto"*, sendo a primeira voltada à interpretação dos textos normativos e a segunda para os fatos. Enquanto a interpretação em abstrato é voltada para a análise dos textos, tendo como resultado um novo enunciado, a partir da "tradução" do enunciado interpretado, a interpretação em concreto se volta para um fato da vida real, subsumindo-o a regra, testando se dessa combinação podem surgir efeitos jurídicos, como, por exemplo, pagar tributo.[133]

---

[131] TIPKE, Klaus. *Moral Tributaria del Estado y de los Contribuintes*. Madrid: Marcial Pons, 2002, p. 67.

[132] CALIENDO, Paulo. *Direito Tributário e Análise Econômica do Direito*: uma visão crítica. Rio de Janeiro: Elsevier, 2009, p. 84.

[133] GUASTINI, Riccardo. Op. cit., p. 204.

A necessidade de interpretar a compatibilidade dos textos com os fatos, para a produção ou não de efeitos jurídicos, ou mesmo o simples significado dos textos normativos, surge da imprecisão e ambiguidade da linguagem do Direito. Como a linguagem jurídica é veiculada por textos, seu sentido não se esgota com sua simples inscrição. Como ensina José Joaquim Gomes Canotilho,[134] "interpretar é atribuir um significado a um ou vários símbolos linguísticos escritos em um enunciado normativo. O produto do ato de interpretar, portanto, é o significado atribuído ao enunciado do texto (preceito, disposição)".

Ainda que seja perfeitamente lógico afirmar que esse processo de interpretação possa ser feito abstratamente por advogados, juristas, administradores públicos, cidadãos, é fato que a produção de efeitos jurídicos é resultado de uma atividade de poder, como bem afirma Eros Grau, quando refere que "apenas o intérprete autêntico interpretada".[135] Não que a interpretação em abstrato deixe de ser relevante para o esclarecimento do conteúdo dos textos normativos, mas o conteúdo dos textos normativos se revela com maior eficácia quando sua adequação a um fato é testada e afirmada topicamente, fazendo com que daquele fato surjam efeitos jurídicos.

Assim, a interpretação autêntica do Direito é aquela capaz de produzir efeitos jurídicos, sendo produzida, como bem indica Hans-Georg Gadamer, pelo órgão estatal aplicador do direito. Qualquer outra interpretação é definida como um mero ato de conhecimento, sem efeitos vinculantes. Completa o autor que a "interpretação e a aplicação do direito ocorrem quando se discerne o sentido do texto a partir e em virtude de um determinado caso

---

[134] CANOTILHO, José Joaquim Gomes. *Direito Constitucional e Teoria da Constituição*. Coimbra: Almedina, 1991, p. 208.
[135] GRAU, Eros Roberto. Op. cit., p. 85.

dado", cujo resultado se dá ao "concretar a lei em cada caso".[136]

1.4.6. Texto e norma

Trata-se de definição quase unânime na doutrina que texto e norma jurídica são realidades distintas.

O mestre Paulo de Barros Carvalho é direto em afirmar que:

> Reconhece a força prescritiva às frases isoladas dos textos positivados. Nada obstante, esse teor prescritivo não basta, ficando na dependência de integrações em unidades normativas, como mínimos deônticos completos. Somente a norma jurídica, tomada em sua integralidade constitutiva, terá o condão de expressar o sentido cabal dos mandamentos da autoridade que legisla.[137]

O texto vem a ser o trabalho do legislador que regula determinada conduta social, identificando a necessidade de petrificar um valor em forma de regra ou princípio, em prestígio à segurança jurídica. A seu turno, a norma jurídica é a revelação daquele enunciado definido por Eros Grau *como ordenado em potência*,[138] sendo um produto de interpretação, tomando por base os textos positivados. O intérprete produz a norma identificando que valor deve ser aplicado ao caso concreto, usando as regras e princípios positivados.

Partindo do caráter geral e abstrato do texto positivado, o intérprete faz uma mediação ao caso concreto, de forma que se torne possível a aplicação ponderada do enunciado legal. A construção da norma jurídica é um processo que resulta de um trabalho de interpretação, partindo dos valores dispostos no texto em potência, para então

---

[136] GADAMER, Hans-Georg. *Verdade e Método*..., p. 487.
[137] CARVALHO, Paulo de Barros. Op. cit., p. 18-19.
[138] GRAU, Eros Roberto. Op. cit., p. 81.

atribuir um significado àquele enunciado, tudo diante de uma situação concreta.

José Joaquim Gomes Canotilho refere que de "uma só disposição (formulação, enunciado) pode exprimir uma ou outra norma, segundo diversas possibilidades de interpretação".[139] Exemplifica o mestre lusitano que do art. 24 da Constituição Portuguesa, segundo o qual "a vida humana é inviolável", se podem construir ao menos três normas, sendo a Norma 1: a vida humana é inviolável desde o momento do nascimento até ao momento da morte; Norma 2: a vida humana é inviolável desde o momento da concepção até ao momento de morrer; e a Norma 3: a vida humana é inviolável desde o momento em que, de acordo com os dados da ciência, começa a haver vida intrauterina até o momento da morte.[140]

Outro exemplo que demonstra de forma bem clara a construção da norma a partir do texto foi dado por Eros Grau, valendo-se da figura da *Vênus de Milos*. Refere o autor "a entrega, a três escultores, de três blocos de mármore iguais entre si, encomendando-se a eles três *Vênus de Milos*. Ao final do trabalho desses três escultores teremos três *Vênus de Milos*, perfeitamente identificáveis como tais, embora distintas entre si".[141] A hipótese demonstra bem a margem de interpretação que o intérprete possui, enfatizando que as disposições do texto são margens a sua construção linguística.

1.4.7. A produção da norma pelo intérprete

Como já exposto brevemente no tópico anterior, é o intérprete o responsável pela construção da norma.

---

[139] CANOTILHO, José Joaquim Gomes. Op. cit., p. 1204.
[140] Idem, p. 1204.
[141] GRAU, Eros Roberto. Op. cit., p. 83.

A partir de um problema veiculado por um caso concreto, caberá ao intérprete normatizar o texto, reconstruindo o sentido do enunciado, diante desse caso concreto, o que Ricardo Lobo Torres afirma ser um processo de concretização, atualização e garantia de eficácia as respectivas normas.[142]

Muito embora seja o juiz o derradeiro intérprete das normas e, no caso do sistema jurídico brasileiro, seja o Supremo Tribunal Federal o órgão competente para assim dizer a última palavra, a interpretação dos textos legais é feita por diversos agentes. Em verdade, a interpretação dos textos legais compete a todos aqueles que, falando-se especificamente do Direito Tributário, deles se utilizam. Assim, Legislativo, Executivo, Judiciário, a Administração, advogados, contadores e contribuintes, dentre outros, interpretam seu conteúdo e dele exprimem interpretações.

Independente do agente que irá interpretar a norma, importante afirmar, utilizando as precisas e esclarecedoras palavras de Eros Roberto Grau que:

> A norma encontra-se, em estado de potência, involucrada no texto. Mas ela encontra-se assim nele involucrada apenas parcialmente, porque os fatos também determinam – insisto nisso: a norma é produzida, pelo intérprete, não apenas a partir de elementos que se desprendem do texto (mundo do dever-ser), mas também a partir de elementos do caso ao qual será ela aplicada, isto é, a partir dos elementos da realidade (mundo do ser). Interpreta-se também o caso, necessariamente, além dos textos e da realidade – no momento histórico no qual no qual se opera a interpretação – em cujo contexto serão eles aplicados.[143]

---

[142] TORRES, Ricardo Lobo. *Normas de Interpretação e Integração do Direito Tributário*. 4. ed. Rio de Janeiro: Renovar, 2006, p. 327.
[143] GRAU, Eros Roberto. Op. cit., p. 28.

1.4.8. Interpretação e aplicação do Direito

Não é demasiado reafirmar que interpretação e aplicação do Direito não são processos distintos, mas sim uma só operação.

O Direito não é construído abstratamente a partir da positivação de uma regra de relação social. Alfredo Augusto Becker até chega a concluir que "a criação da regra jurídica é Arte, sua interpretação é Ciência", ainda que sua definição tenha ponto de partida em uma concepção normativista, pautada essencialmente na ideia de que o Direito é o conjunto de regras válidas, que serve ao Estado como instrumento de controle e desenvolvimento do Bem Comum.[144] O que de certa forma surpreende é que essa concepção normativista do Direito Tributário, sabe-se, é tipicamente *kelseniana*, quando o próprio Hans Kelsen afirma de forma categórica que "a interpretação feita pelo órgão aplicado do Direito é sempre autentica. Ela cria Direito".[145]

Também há autores, como Riccardo Guastini, que separam a interpretação do Direito em "abstrata" e "concreta", definindo ser a primeira o processo de tradução do texto interpretado, em que o resultado é "un nuevo enunciado (el anunciado interpretativo) que el intérprete asume como sinônimo de enunciado interpretado". Já a interpretação em concreto seria aquela *"orientada a los hechos"*, em que se subsume um fato concreto, gerando como resultado não uma norma geral e abstrata, mas sim uma norma individual e concreta.[146] Com a devida vênia, ainda que se possa imaginar uma função didática da interpretação abstrata do Direito, como forma de conhecimento

---

[144] BECKER, Aufredo Augusto. *Teoria Geral do Direito Tributário*. São Paulo: Lejus, 1998, p. 62-66.

[145] HELSEN, Hans. *Teoria Pura do Direito*. 6. ed. São Paulo: Martins Fontes, 1998, p. 394.

[146] GUASTINI, Riccardo. Op. cit., p. 206.

do conteúdo dos textos, não se estaria diante de processo hermenêutico, mas sim de reprodução com outras palavras da regulação, já que o Direito se revela propriamente diante do caso concreto.

Assim, como dito, as regras positivadas não são o fim do Direito, mas meio, a partir das quais se completa, através do intérprete, no caso concreto. Eros Roberto Grau é categórico em afirmar que o Direito é produzido pelo intérprete, em especial o julgador, na análise do caso concreto. Não há, de um lado, os textos normativos (Direito), e de outro os elementos reais (empírico), mas sim a análise de um, segundo outro, tendo como resultado o Direito.[147] Novamente retornando para Hans Kelsen, quando afirma que a interpretação cria o Direito, acaba dizendo que a interpretação tem como marco referencial a "moldura da norma",[148] quando de fato se está diante da "moldura do texto", já que, como dito, a norma é resultado da interpretação/aplicação do Direito.

Se dessa forma não for compreendido, ou seja, não sendo concebida a interpretação e aplicação do Direito como fenômenos iguais, se estará diante de concepção que atribui ao julgador apenas o papel de revelador dos propósitos do Legislador. Mas como exposto, o processo é inverso, não um simples silogismo dedutivo. Lenio Luiz Streck, analisando inclusive a questão política que se revela a partir de um processo de interpretação do Direito, afirma que

> O jurista não reproduz ou descobre o verdadeiro sentido da lei, mas cria o sentido que mais convém aos seus interesses teórico e político. Nesse contexto, sentidos contraditórios podem, não obstante, ser verdadeiros. Em outras palavras, o significado da lei não é autônomo, mas heterônomo. Ele vem de fora e é atribuído pelo intérprete.[149]

---

[147] GRAU, Eros Roberto. Op. cit., p. 30.
[148] KELSEN, Hans. *Teoria Pura...*, p. 387-389.
[149] STRECK, Lenio Luiz. Op. cit., p. 90.

A partir de toda a evolução que a hermenêutica jurídica veio tendo ao longo dos anos, foi Hans-Georg Gadamer o responsável por estruturar a "perspectiva histórica" da interpretação, mediada entre o texto e a visão histórica de quem analisa o caso, em data realidade temporal.[150] A interpretação/aplicação do Direito como resultado da análise do fato concreto, à luz das prescrições do texto, não pode desconsiderar que os fenômenos sociais estão em constante transformação.

Assim, a interpretação do Direito por meio de um pensamento tipológico alcança uma riqueza de resultado prático ao se constatar que o tipo, colhido na realidade e depois positivado, por se tratar de realidade aberta e fluída, abre o sistema jurídico para a evolução das realidades sociais. Se inicialmente for analisada a natureza da coisa, como refere Arthur Kaufmann,[151] para então interpretar quais os efeitos que o texto positivado deve produzir diante daquele dado acontecimento, a não rigidez e limitação das notas características do tipo permite ao texto "uma maior amplitude de atualização" e uma porosidade ínsita de um sistema jurídico aberto.

O que se poderia concluir a partir dessa exposição é que o tipo, por ser colhido na realidade (tipo empírico) e depois positivado (tipo normativo), buscando a descrição do fato jurídico não fechado, dentro de uma escala de maior ou menor semelhança com o objeto, não é Direito, mas elemento para que o Direito seja descoberto. Com efeito, inegavelmente realidades fluídas e descrições de fatos jurídicos que permitem maior amplitude de encaixe, como mais a frente se poderá ver, podem reduzir a sensação de segurança jurídica do receptor da interpretação/aplicação do Direito.

---

[150] GADAMER, Hans-Georg. *Hermenêutica em Retrospectiva*. Petrópolis: Vozes, 2007, p. 400.
[151] KAUFMANN, Arthur apud DERZI, Misabel de Abreu Machado. Op. cit, p. 61.

1.5. O conteúdo normativo do princípio da tipicidade

Partindo-se da concepção de que o Direito é o objeto da Ciência do Direito, reafirma-se a condição do Princípio da Tipicidade, ou pensamento tipológico, como método para a Ciência do Direito promover essa investigação jurídica.

Diante da definição da tipicidade como método de investigação, e de que o processo de investigação e de criação do Direito são análogos, cabe-nos agora definir o conteúdo normativo do princípio, identificando o que é relevante e o que deve ser considerado pelo intérprete ao utilizar a tipicidade como método de análise.

Para tanto, relevante que seja reforçada a concepção de uma tipicidade aberta, sendo levado em consideração o fenômeno recorrente, comum e repetitivo (tipo), como meio para a interpretação do Direito. A identificação e a inserção do tipo real em uma norma jurídica, sejam pelas características comuns, médias e frequentes de uma multiplicidade de fenômenos, seja pela utilização de um caso isolado usado como padrão, permeia para o interior da norma um padrão que permite uma aplicação do Direito sem que o fato isolado seja o foco principal.

Como bem adverte Misabel de Abreu Machado Derzi, o tipo real, produto da identificação de fenômenos recorrentes da vida real, possui primazia na formação do Direito. Todavia, não necessariamente a opção do legislador por um tipo tem como resultado uma interpretação "tipificante".[152] Como acima demonstrado, mesmo que captado um tipo real pelo legislador, pode ele, em busca de segurança, o fechar, desnaturando o chamado pensamento tipológico.

---
[152] DERZI, Misabel de Abreu Machado. Op. cit., p. 111.

Supondo a edição de uma lei estabelecendo um benefício fiscal para empresas tipicamente não poluidoras, em que 20% dos investimentos realizados na redução da emissão de gases ou no tratamento de afluentes poderá ser deduzido na apuração do imposto de renda. Contudo, quando o legislador define que empresa não poluidora é aquela que emite um número máximo de toneladas de monóxido de carbono na atmosfera por ano, ou que a água que ela retorna aos rios pode possuir até certo grau de presença de determinadas substâncias, ele fecha o tipo real, deixando de produzir um tipo jurídico. Em prol da segurança, o legislador fecha o tipo, quantificando aquilo que era qualidade, mantendo o tipo real, mas deixando, assim, de produzir um tipo jurídico.

No exemplo apontado pode ser percebido que pelas características normativas da tipicidade, a quantificação do tipo, ou a inclusão de qualquer outro elemento que o feche, saindo da multiplicidade de casos recorrentes, para a pontualização do traço definidor do fato da vida, desvirtua seu conteúdo jurídico. Em busca de segurança jurídica, mas principalmente objetivando a praticidade da arrecadação, tipos reais são utilizados pelo legislador, mas quantificados, fechando-os em busca da otimização da arrecadação, através de presunções.

Mesmo que mais a frente o tema da praticidade da arrecadação, por meio do emprego de tipos, seja objeto de análise, importante aqui frisar que essa tem sido uma prática bastante comum pelo legislador nacional. Frequentemente, como se tem visto, por exemplo, por meio das pautas fiscais de ICMS, o legislador se vale de presunções, sem possibilidade de prova em contrário, buscando dar praticidade à arrecadação.

Como antes exposto, a identificação da frequência, do evento recorrente e médio, para a definição do tipo, é elemento de prova *prima facie*, que como tal sempre deve permitir a prova contrária. Contudo, é fato que a praticidade, ao criar presunções incontestes, acaba restringindo que, a partir do tipo, se faça uma interpretação tipificante do Direito.

2 – Do tipo à interpretação tipificante: a aplicação no direito comparado e os princípios limitadores/orientadores

Diante das diversas acepções que tipo, tipicidade e tipificação recebem na Ciência do Direito, para melhor compreender a interpretação tipificante do direito, relevante que seja feito um corte metodológico, buscando compreender tais diferenciações, sempre ressaltando o propósito do presente estudo em analisar a tipicidade como forma de se realizar uma interpretação sistemática do Direito.

Tipo é a ordenação de dados concretos que, a partir de um critério de semelhança, determina a formação de uma medida móvel de intensidade. A medida da correlação do dado concreto da vida real com o tipo é móvel, porque seu conteúdo é aberto, segundo um ponto de vista de uma maior ou menor intensidade. O dado da vida real pode ser definido como tipo ao se revestir de semelhança com outros dados da vida, ainda que em maior ou menor intensidade. Ricardo Lobo Torres cita alguns exemplos de tipos jurídicos, como: empresa, empresário, trabalhador, indústria e poluidor.[153] Assim, a pessoa que segundo os critérios da legislação trabalhistas exerce atividade laboral sem eventualidade, mediante hierarquia e com o recebimento de salário,[154] ainda que em um determinado caso

---

[153] TORRES, Ricardo Lobo. *O Princípio da Tipicidade* ..., p. 194.
[154] Art. 3º, da Consolidação das Leis Trabalhistas (CLT): "Considera-se empregado toda pessoa física que prestar serviços de natureza não eventual a em-

exerça sua atividade por 44 horas semanais, e, em outro, por apenas metade dessa carga horária, em ambos será caracterizado como trabalhador.

A partir da construção do tipo como objeto de comparação, a Ciência Jurídica passou a interpretar o direito segundo o Princípio da Tipicidade. A revisão das principais utilizações da tipicidade como critério de interpretação do Direito Tributário foi feita com extrema pertinência por Misabel de Abreu Machado Derzi, apontando serem elas: metodologia jurídica; critério de criação do fato gerador tributário; e a execução simplificada da lei tributária, por meio da regulamentação administrativa.[155] Em qualquer das espécies citadas, a tipificação sai do tipo propriamente dito, para então tornar-se o critério de interpretação/aplicação do Direito.

Dentro desse contexto, a tipificação surge como o processo de formação normativa do tipo.[156] A partir da captação fenomênica, ao legislador fica a competência de formar o *tipo real normativo*, aquele designado por Karl Larenz como o mais relevante para a Ciência Jurídica.[157] O tipo real normativo não é simplesmente a positivação da ordenação da totalidade graduável do caso médio, frequente ou simplesmente representativo econômico-social, mas sim a realidade que o legislador, naquilo que sua competência legislativa o legitima, entendeu ser pertinente colher para a norma.[158]

Importante também referir que a tipificação não necessariamente tem como produto a formação de um *tipo real normativo*. Ainda que o legislador possa se inspirar em

---

pregador, sob a dependência deste e mediante salário. Parágrafo único – Não haverá distinções relativas à espécie de emprego e à condição de trabalhador, nem entre o trabalho intelectual, técnico e manual."

[155] DERZI, Misabel de Abreu Machado. Op. cit., p. 50.
[156] TORRES, Ricardo Lobo. *O Princípio da Tipicidade* ..., p. 194.
[157] LARENZ, Karl. Op. cit., p. 662.
[158] DERZI, Misabel de Abreu Machado. Op. cit., p. 94.

uma realidade fluída, que contemple correlações de maior ou menor intensidade, se o tiver como objetivo uma regulamentação rígida, sob o ponto de vista de segurança e previsibilidade, ao invés de um tipo normativo, surgirá um conceito.

Diante dessas definições, importante que seja analisado de que forma a tipicidade vem sendo tratada em diferentes ordenamentos jurídicos.

2.1. Tipo, tipicidade e tipificação

2.1.1. A tipicidade na Alemanha

A tipicidade teve origem no Direito alemão, tendo sido posteriormente incorporada por outros ordenamentos jurídicos. Foi na Alemanha que a tipicidade surgiu como método de interpretação do direito e, até hoje, vem sendo desenvolvida como técnica de análise mais rica e completa do objeto. No Direito Alemão, firmou-se o sentido do tipo como um pensamento de ordem, por meio da identificação das diferentes intensidades de recorrência do objeto (típico).

Na Alemanha, o desenvolvimento da teoria da tipicidade surgiu como uma forma de pensamento que melhor ilustra a realidade de objetos com múltiplas manifestações. Karl Larenz, autor que até chegou a defender a concepção de uma Tipicidade fechada e aberta, mas que posteriormente sedimentou a interpretação apenas da abertura do instituto, identifica que o surgimento do pensamento tipológico veio suprir a lacuna que o conceito abstrato, e a lógica desses conceitos, deixava quanto à descrição mais rica do objeto, uma vez que o conceito não possui eficácia para apreender o fenômeno social formado por uma multiplicidade de manifestações.[159]

---

[159] LARENZ, Karl. Op. cit., p. 654.

Em matéria tributária, o grande uso da tipicidade na Alemanha encontra-se hoje vinculado à praticidade e a execução simplificada da lei. Por meio dessa técnica, evita-se a investigação exaustiva do caso isolado, dispensando a coleta de provas difíceis ou impossíveis para a representação jurídica do caso concreto.

A relação da praticidade e da simplificação da arrecadação com o tipo está no fato do legislador, ou mesmo a administração, colher o tipo real, e, a partir dele, deixar de investigar o caso individual, utilizando o padrão médio e frequente para generalizar o fato gerador do tributo. O objetivo desse modelo metodológico de investigação é evitar a averiguação de cada caso concreto, desonerando a realização de provas difíceis, que envolvam custos consideráveis para a administração, otimizando a arrecadação pela cobrança do crédito tributário e pela redução de custos.

Klaus Tipke, analisando as regras que regulam o imposto de renda na Alemanha, refere sobre a existência de "isenções simplificadoras", em que o legislador quantifica o critério de isenção, de "modo tipificador". Como exemplo, o autor refere a prescrição do § 3º, nº 4, do EStG (Lei do Imposto de Renda), em que os reembolsos com gastos, tais como indumentária de serviço, custos de alimentação e estadia, possuem valores fixos e generalizantes, de tal sorte que os gastos superiores ao limite estabelecido, ainda que comprovados pelo contribuinte, são desconsiderados para a apuração do imposto.[160]

2.1.2. A tipicidade em Portugal

Foram os países de fontes ibéricas, em especial Portugal, os responsáveis pela tradução da tipicidade desenvolvida na Alemanha, com grande repercussão sobre a

---

[160] TIPKE, Klaus. *Direito Tributário...* p. 525.

doutrina brasileira. A doutrina portuguesa acabou traduzindo tipicidade a partir da expressão *Tatbestand*, afastando assim a concepção original da tipicidade como realidade fluída e de ordem do pensamento jurídico.[161]

Em Portugal, a doutrina da tipicidade em muito se assemelha à concepção da tipicidade cerrada utilizada na doutrina brasileira. José Joaquim Gomes Canotilho refere a dupla dimensão do Princípio da Legalidade da Administração, em que a legalidade formal (*Vorrang des Gesetzes*) vincula a tributação com a intervenção do Parlamento, através da autorização legislativa para cobrar tributo. Em sua outra dimensão, a legalidade material (*Vorbehalt des Gesetzes*) estabelece a reserva material da lei, normatizando que todos os critérios para a cobrança do tributo tenham como fonte a própria lei.[162]

A tipicidade, como derivação da legalidade, acabou tendo seu conteúdo em matéria tributária fortemente vinculado com a questão da lei como fonte do Direito, em concepção fechada do conteúdo normativo dos tributos.

Contudo, há autores, como José Casalta Nabais, que defendem a possibilidade da administração se valer de técnicas de simplificação e praticidade para otimizar a arrecadação, utilizando para tanto os casos típicos, ao invés da investigação individualizada para incidência do tributo.[163] Refere o autor que:

> Face à realidade das situações cujo grau de diferenciação e individualização não é possível acompanhar por razões de ordem prática, nomeadamente pelos custos insuportáveis ou inadequados que implicam, se apele à edição de normas de simplificação, seja em sede legislativa, seja em sede administrativa, através das quais se proceda à tipificação (ou tipi(ci)zação), globalização (*Pauschalierung*) ou estandartização, assumindo a regra o que é típico, normal, provável, e desprezando o

---

[161] DERZI, Misabel de Abreu Machado. Op. cit., p. 365.
[162] CANOTILHO, José Joaquim Gomes. Op. cit., p. 256.
[163] NABAIS, José Casalta. Op. cit., p. 345.

potencial de diferenciação e individualização que uma tributação analítica e assente na capacidade contributiva efectiva proporcionam.[164]

Em contraposição a ideia de praticidade, autores consagrados como António Castanheira Neves, que fazem forte oposição ao positivismo jurídico, defendem que o Direito é fruto da interpretação do caso concreto, refutando, assim, a possibilidade de interpretação generalizadora do Direito, tal como ocorre com a tributação veiculada por meio de leis simplificadoras e práticas.[165]

A rigor, o que se percebe ao analisar a tipicidade em Portugal é uma ausência de interpretação mais aprofundada sobre o tema. Ao mesmo tempo em que a tipicidade foi traduzida do vocábulo alemão *Tatbestand*, desenvolvendo uma ideia de tipicidade como qualificação da lei, já se vincula o tema como a praticidade e simplificação da lei tributária, ainda que nesse aspecto existam interpretações dissonantes. Certo é que em Portugal a interpretação do Direito segundo a tipicidade se afastou da definição original do tema, segundo a qual a definição fluída e transitiva do objeto permite sua melhor apreensão como fenômeno jurídico.

2.1.3. *A tipicidade no Brasil*

Quando se trata de tipicidade no Direito Tributário brasileiro, de plano se remete para a concepção de tipicidade cerrada, nomenclatura que boa parte da doutrina utiliza para denominar o princípio da legalidade em matéria tributária.[166]

---

[164] Idem, p. 375.

[165] NEVES, António Castanheira. *Metodologia Jurídica*: Problemas Fundamentais. Coimbra: Coimbra Editora, 1993, p. 145.

[166] DE OLIVEIRA, Yonne Dolacio. Op. cit., p. 37; XAVIER, Alberto. *Tipicidade da Tributação* ..., p. 17.

Como forma de identificar a necessidade não só de o tributo ser instituído ou majorado por meio de lei, mas também da lei conter formalmente todos os elementos que formam o arquétipo tributário, desenvolveu-se no Brasil a concepção de tipo cerrado, segundo a qual a valoração feita pelo legislador afasta qualquer outra valoração posterior a criação da regra tributária.[167] Essa concepção identifica na legalidade um princípio, cujo conteúdo normativo e axiológico é extremamente forte no Direito Tributário.

Como se pode perceber, essa concepção de tipicidade cerrada em nada se assemelha com a tipicidade originalmente desenvolvida na Alemanha. Ocorre que ao se valer da tradução do instituto feita doutrina ibérica, no Brasil acabou se denominando por tipicidade outro fenômeno, segundo o qual estaria ela relacionada com o fato gerador. Diante da vinculação da tipicidade simplesmente ao fato gerador, Ricardo Lobo Torres adverte que:

> Diante da confusão introduzida na temática da tipicidade pelas fontes ibéricas, com grande repercussão sobre a doutrina e a jurisprudência brasileiras, poder-se-ia também falar, embora só fosse correto parcialmente, em tipicidade como princípio de adequação do fato gerador concreto ao abstrato (*Grundsatz der Tatbestandmässigkeit*). Mas nos parece que a identificação da tipicidade com o princípio da determinação (*Grundsatz der Bestimmtheit*) é exagero positivista proveniente das doutrinas portuguesas e espanholas, embora haja um certo relacionamento entre o tipo e a determinação do fato gerador, quando aquele se incluir na descrição da hipótese de incidência.[168]

Mais recentemente, por influência da doutrina alemã, passou a se desenvolver no Brasil o uso da tipicidade como forma de justificar execuções simplificadas e mais práticas da lei em matéria tributária. Buscando facilitar e otimizar a arrecadação, o legislador e a administração acabam se socorrendo de práticas reiteradas para, a partir delas, criar presunções e padrões que substituem o fato gerador real,

---

[167] DE OLIVEIRA, Yonne Dolacio. Op. cit., p. 41.
[168] TORRES, Ricardo Lobo. *O Princípio da Tipicidade* ..., p. 195.

como, por exemplo, ocorre com as pautas fiscais do IPTU ou as presunções do ICMS. Misabel de Abreu Machado Derzi, analisando esse uso do tipo no Brasil, refere que:

> Ao se buscar alcançar segurança jurídica, uniformidade, garantia, fortalecimento do crédito tributário e praticidade, o legislador se vale do tipo, deduzindo-o daquilo que é padrão usual, médio e frequente, mas, em regra, desnatura-o, transformando-o em conceito fechado ou qualificando-o.[169]

Assim, a realidade que se observa no Direito Tributário brasileiro é sua forte identificação com a legalidade, assumida por meio da denominada tipicidade cerrada, e uma confusão entre tipo e fato gerador, além de sua mais recente utilização como forma de justificar a praticidade e simplificação da execução das leis.

2.2. Princípios e direitos fundamentais que orientam e limitam a formação do conteúdo normativo da tipicidade

O objetivo do presente trabalho não é propriamente indagar se no Direito Tributário há tipos ou conceitos, mas sim se a forma de pensamento tipificante é adequada ao Sistema Tributário Nacional, em especial pelas limitações constitucionais determinadas por alguns dos princípios fundamentais que orientam a tributação no Brasil.

Não há como deixar de se evidenciar que a interpretação do Direito por subsunção ou por meio da tipificação é conflitante. Esses conflitos são orientados por princípios que veiculam valores relevantes do sistema constitucional, sendo necessária, assim, sua análise, ainda que sucinta.

2.2.1. Segurança jurídica

O Princípio da Segurança Jurídica não se encontra expressamente disposto em nosso Texto Constitucional, mas

---

[169] DERZI, Misabel de Abreu Machado. Op. cit., p. 326.

sua construção como direito fundamental é uma decorrência da abertura do catálogo de direitos fundamentais e da derivação do sobreprincípio do Estado Democrático de Direito (art. 1º), bem como de regras mais específicas, como a Proteção do Direito Adquirido, do Ato Jurídico Perfeito e da Coisa Julgada (art. 5º, XXXVI), e, em matéria tributária, da Legalidade (art. 150, I), da Irretroatividade (art. 150, III, "a") e da Anterioridade (art. 150, III, "b").

Em matéria tributária, a segurança jurídica representaria um ideal de previsibilidade e confiança nas relações jurídicas que se estabelecem com o ente estatal. A segurança jurídica pode ser definida sob o ponto de vista formal ou objetivo, e sob o ponto de vista material ou subjetivo.

Segundo o ponto de vista objetivo, a segurança jurídica se prestaria como princípio para orientar que os contribuintes soubessem previamente quais as normas vigentes, de tal sorte que se conheça antes o efeito legal decorrente da ocorrência de determinado fato. Em matéria tributária a segurança jurídica fica bastante ligada à irretroatividade das normas, naquilo que Almiro do Couto e Silva alerta como sendo um aspecto que:

> Envolve a questão dos limites à retroatividade dos atos do Estado até mesmo quando estes se qualifiquem como atos legislativos. Diz respeito, portanto, à proteção ao direito adquirido, ao ato jurídico perfeito e à coisa julgada. Diferentemente do que acontece em outros países cujos ordenamentos jurídicos frequentemente têm servido de inspiração ao direito brasileiro, tal proteção está há muito incorporada à nossa tradição constitucional e dela expressamente cogita a Constituição de 1988, no art. 5º, inciso XXXVI.[170]

---

[170] COUTO E SILVA, Almiro do. *O Princípio da Segurança Jurídica (Proteção à Confiança) no Direito Público Brasileiro e o Direito da Administração Pública de Anular seus Próprios Atos Administrativos*: o prazo decadencial do art. 54 da lei do processo administrativo da União (Lei nº 9.784/99). Revista Eletrônica de Direito do Estado, Salvador, Instituto de Direito Público da Bahia, n. 2, abr./mai./jun. 2005, p. 04. Disponível em: <http://www.direitodoestado.com.br>.

Em sua outra perspectiva, a segurança jurídica possui manifestação material ou subjetiva, caracterizada por meio de uma ideia de "cálculo prévio".[171] Independente do conteúdo da lei, o princípio normatiza que o contribuinte, como destinatário da norma, possa pré-mensurar os efeitos da lei, em especial ao considerar a segurança jurídica como direito fundamental de defesa, frente à forte restrição que a tributação aduz ao direito fundamental de propriedade e liberdade.

No direito comparado a doutrina prefere admitir a existência de dois princípios distintos, apesar da estreita relação existente entre eles. Falam os autores em Princípio da Segurança Jurídica, quando designam o aspecto objetivo da estabilidade das relações jurídicas, e em Princípio da Proteção à Confiança, quando se referem ao que atenta para o aspecto subjetivo. Tratando dessa diferenciação, José Joaquim Gomes Canotilho refere que:

> O homem necessita de segurança para conduzir, planificar e conformar autônoma e responsavelmente a sua vida. Por isso, desde cedo se consideravam os princípios da segurança jurídica e da proteção à confiança como elementos constitutivos do Estado de direito. Estes dois princípios – segurança jurídica e proteção da confiança – andam estreitamente associados, a ponto de alguns autores considerarem o princípio da proteção de confiança como um subprincípio ou como uma dimensão específica da segurança jurídica. Em geral, considera-se que a segurança jurídica está conexionada com elementos objetivos da ordem jurídica – garantia de estabilidade jurídica, segurança de orientação e realização do direito – enquanto a proteção da confiança se prende mais com as componentes subjetivas da segurança, designadamente a calculabilidade e previsibilidade dos indivíduos em relação aos efeitos jurídicos do acto.[172]

A partir dessas definições sobre o conteúdo jurídico do Princípio da Segurança Jurídica, percebe-se que o

---

[171] ÁVILA, Humbert Bergmann. *Sistema Constitucional...*, p. 297.
[172] CANOTILHO, José Joaquim Gomes. Op. cit., p. 256

mesmo remete à ideia de previsibilidade das relações jurídicas do contribuinte com o Estado. Aliomar Baleeiro refere que "onde que o legislador reforçar a segurança jurídica, impõe a legalidade material absoluta. A norma legal colhe o tipo (socialmente aberto) modelando-o e fechando-o em conceitos determinados".[173] Contudo, a previsibilidade não pode ser tida como uma garantia absoluta, já que o sistema jurídico é composto por outras garantias, como pelo Direito ser um processo de interpretação. Arthur Kaufmann alerta para o fato do Direito não ser uma fonte de respostas definitivas, mas sim, de normas *a priori*, devendo ele "proferir uma ordem de dever ser, e isso não é possível com conceitos puramente empíricos".[174]

Estabelecendo abstratamente o conteúdo jurídico do Princípio da Segurança Jurídica, Humberto Bergmann Ávila aponta para o referido princípio como critério para tomada de uma decisão jurídica, sem, contudo, defini-lo como um garantidor de decisões predefinidas. Segundo o autor, a segurança jurídica será alcançada uma vez que sejam observados quatros pontos de partida para a formação da relação obrigacional tributária: (i) a lei é o ponto de partida para qualquer decisão jurídica; (ii) o juiz e a administração devem estar vinculados aos significados preliminares mínimos da lei, segundo os quais sua atuação recebe uma relação de referência; (iii) as decisões jurídicas devem ser tomadas para qualquer decisão; (iv) ainda que os argumentos sejam distintos, as decisões jurídicas devem resguardar o Princípio da Coerência, de tal sorte que seja usado o mesmo método de interpretação do caso concreto.[175]

---

[173] BALEEIRO, Aliomar. Op. cit., p. 130.
[174] KAUFMANN, Arthur. *Filosofia do* ..., p. 105.
[175] ÁVILA, Humberto Bergmann. *Sistema Constitucional* ..., p. 300.

2.2.2. O estado democrático de direito e a separação de Poderes

De acordo com a Constituição de 1988, a instituição e majoração de tributos ficam reservadas ao Poder Legislativo, dispondo o art. 5º, II, que ninguém será obrigado a fazer ou deixar de fazer algo, senão em virtude de lei.

As competências para a instituição de tributos são rigidamente definidas pela Constituição Federal, ficando ao Poder Executivo o poder residual de editar regulamentos (art. 84, IV) e ao Judiciário a importante tarefa de interpretação das leis (arts. 5º, XXXV e 92 e seguintes).

A estruturação de um Estado Democrático de Direito, cujos poderes são descentralizados, mas controlados, remete a uma concepção de liberdade. Segundo a clássica concepção de Montesquieu, a separação dos poderes os limita e os controla, evitando, assim, a tautológica concentração em um único órgão ativo de soberania. Paulo Bonavides alerta para o fato de que a "concentração seria, sem dúvida, lesiva ao exercício social da liberdade humana em qualquer gênero de organização de Estado"[176] Segundo Ingo Wolfgang Sarlet, a noção de Estado Democrático de Direito está intimamente vinculada com a Constituição e com os direitos fundamentais, estes últimos como forma de concretização dos Princípios da Dignidade da Pessoa Humana, Igualdade, Liberdade e Justiça, cujo conjunto é consagrado no direito constitucional positivo vigente e constitui condição para existência e legitimidade de um autêntico Estado Social e Democrático de Direito.[177]

Ao mesmo passo que as liberdades individuais, tanto sob o ponto de vista da relação entre indivíduos, mas

---

[176] BONAVIDES, Paulo. *Curso de Direito Constitucional*. 9. ed. São Paulo: Malheiros, 2000, p. 510.

[177] SARLET, Ingo Wolfgang. *A Eficácia dos Direitos Fundamentais*. 9. ed. Porto Alegre: Livraria do Advogado, 2008, p. 72

especialmente na relação com o Estado em matéria tributária, é o fim único de uma democracia, em que a liberdade tributária é altamente restringida pela legalidade, na Constituição brasileira com prescrição específica pelo art. 150, I.

Nos regimes democráticos, a liberdade se configura como uma autodeterminação dentro das regras do jogo, regras essas que ele mesmo criou, na medida em que todo o poder emana do povo e a eleição dos representantes do Legislativo e Executivo é expressão máxima disso. Nesse cenário, a liberdade do indivíduo na relação tributária é limitada pela legalidade, inclusive como forma de se alcançar a Igualdade em seu plano material.

A partir disso é que surge o questionamento sobre a possibilidade da tributação, no sistema jurídico brasileiro, cujo traço da legalidade é bastante forte, ser orientada por um pensamento tipificante, em que a flexibilidade e a ordenação dos fatos podem resultar em uma ampliação dos signos econômicos captados pela tributação.

2.2.3. Legalidade

Não há como se tratar de tipicidade sem examinar o Princípio da Legalidade. Como antes referido, ainda que haja divergência na doutrina sobre o conteúdo jurídico do tipo e dos critérios que definem a forma tipificante de interpretar o Direito, a derivação da tipicidade do Princípio da Legalidade é recorrente na doutrina, uma vez que a tipicidade tem seu ponto de partida na interpretação das prescrições positivadas.[178]

Em estados democráticos de direito, como é o caso brasileiro, o sistema constitucional é fortemente estruturado pela concepção de segurança jurídica e de previsibi-

---

[178] TORRES, Ricardo Lobo. *O Princípio da Tipicidade* ..., p. 193.

lidade, razão pela qual a legalidade, como instrumento de definição de certos regimes e relações, entre particulares e dos particulares com o Estado, torna-se um dos instrumentos para se alcançar essa finalidade da democracia. José Afonso da Silva destaca a importância do papel da lei em um estado democrático de direito "não apenas quanto ao seu conceito formal de ato jurídico abstrato, geral, obrigatório e modificativo da ordem jurídica existente, mas também à sua função de regulamentação fundamental, produzida segundo um procedimento constitucional qualificado".[179]

A legalidade como derivação da segurança jurídica e do estado democrático de direito ganha ainda maior relevância em matéria tributária ao ter recebido do Constituinte de 1988 disposição específica do art. 150, I, ainda que o art. 5º, II, já tivesse a prescrito como direito fundamental. Nesse sentido, a legalidade, além de direito fundamental do cidadão, é direito fundamental do contribuinte. Somente a lei formalmente compreendida, como explica José Joaquim Gomes Canotilho, "deliberada e aprovada pelo Parlamento tem superioridade e preferência relativamente a actos da administração (regulamentos, actos administrativos, actos pararegulamentares, actos administrativos gerais como circulares e instruções)",[180] de tal sorte que se trata de verdadeira limitação ao poder de exigir, majorar tributos e impor sanções.

Contudo, a exigência da lei em matéria tributária não fica restrita ao plano formal, mas o Princípio da Legalidade exige que a lei disponha materialmente sobre todos os elementos que compõem a regra-matriz de incidência tributária. A prescrição do art. 150, II, da Constituição Federal, como refere Aliomar Baleeiro:

---

[179] DA SILVA, José Afonso. *Curso de Direito Constitucional Positivo*. 18. ed. São Paulo: Malheiros, 2000, p. 125.
[180] CANOTILHO, José Joaquim Gomes. Op. cit., p. 256.

Refere-se a legalidade, como princípio necessário a instituição e majoração de tributos, tanto do ponto de vista formal – ato próprio, emanado do Poder Legislativo – como do ponto de vista material, determinação conceitual específica, dada pela lei aos aspectos substanciais dos tributos, como hipótese material, espacial e temporal, consequências obrigacionais, como sujeição passiva e quantificação do dever tributário (alíquotas e bases de cálculo), além das sanções pecuniárias, dos deveres acessórios, da suspensão, extinção e exclusão do crédito tributário.[181]

Impropriamente, Princípio da Tipicidade em matéria tributária acabou ficando extremamente associado à legalidade, tanto sob seu ponto de vista formal, como material. Por conta da definição de legalidade como tipicidade cerrada, segundo a qual a lei deve conter toda a informação necessária para aplicação da norma tributária, a doutrina nacional alterou o conteúdo jurídico original que a tipicidade foi concebida. Ives Gandra da Silva Martins, referindo que "é fechada a tipicidade de tributo e pena",[182] em verdade afirma que todos os elementos que formam o tributo devem estar cerrados na lei.

Ocorre que a adequação do fato a lei não recebe, ao menos segundo suas fontes originais germânicas, a denominação de tipicidade, mas sim de subsunção. Quanto maior for a intenção do legislador em reforçar a segurança jurídica e a previsibilidade, mais fechada materialmente necessitará ser o Princípio da Legalidade, aprisionando dentro da norma definições mais específicas do que gerais. Com extrema pertinência Misabel de Abreu Machado Derzi explica que a norma até pode colher na realidade social o tipo, mas se a intenção do legislador for dar à norma maior segurança, necessário transformar o tipo em um

---

[181] BALEEIRO, Aliomar. Op. cit., p. 47.
[182] MARTINS, Ives Gandra da Silva. *Teoria da Imposição Tributária*. São Paulo: Saraiva, 2003, p. 185.

conceito determinado, de tal sorte que a legalidade seja revestida de especialidade ou especificidade.[183]

Misabel de Abreu Machado Derzi prossegue afirmando que nosso estado democrático de direito é fortemente estruturado por meio de quatro direitos fundamentais: direito à vida, à liberdade, à segurança e à propriedade, sendo todos os demais princípios fundamentais derivações desses quatro. A partir dessa premissa, a autora mineira define que a segurança jurídica não é sinônimo de fechamento da norma, mas que a presença do tipo na norma, por se tratar de uma forma de pensamento flexível, encontra forte resistência no Direito Tributário. Resume ela que:

> A segurança jurídica, a legalidade formal e material e a estabilidade das relações jurídicas são garantias fundamentais, constitucionalmente consagradas; a tipicidade e, sobretudo, a especificidade (ou princípio da conceitualização normativa especificante), sendo meros desdobramentos dos princípios da legalidade, visto em seu grau material absoluto, representam também garantias constitucionais; a tipicidade, não obstante, sendo a criação de ordens ou tipos, por natureza flexíveis e abertos, é instrumento frágil de garantia, enquanto a conceitualização fechada, criadora de classes e espécies, é meio assecuratório mais forte, reforçador da segurança (como direito) e da estabilidade das relações sociais.[184]

2.2.4. Igualdade

Prescreve a Constituição Federal, em seu art. 5º, *caput*, que "todos são iguais perante a lei". A leitura mais apressada desse dispositivo poderia conduzir o intérprete a uma falsa conclusão de que o Constituinte apenas instituiu uma Igualdade formal, assumindo uma ideia de igualdade apenas restrita ao aplicador (igualdade perante

---

[183] DERZI, Misabel de Abreu Machado. Op. cit., p. 126.
[184] Idem, p. 127-129.

a lei). Contudo, ao prosseguir na leitura do dispositivo, a outra dimensão do princípio surge ao intérprete, por conta de sua dimensão material, em que a "inviolabilidade à igualdade", dentre outros direitos fundamentais prescritos no *caput* do art. 5º, concretiza-se na máxima do inciso I, em que "homens e mulheres são iguais em direitos e obrigações, nos termos desta Constituição". O conteúdo material da igualdade ainda será complementado, dentre outras normas, pelo art. 19, III, ao se estabelecer que é vedado à União, aos Estados, ao Distrito Federal e aos Municípios "criar distinções entre brasileiros e preferências entre si", conduz a uma generalidade da lei (igualdade na lei).

A concepção de uma igualdade na lei, e não somente perante a lei, ainda se confirma pelo estado constitucional brasileiro ser fundado sobre pilares de uma sociedade justa, de erradicação da pobreza e de desigualdades sociais, tendo como um de seus fundamentos a dignidade da pessoa humana, naquilo que os princípios fundamentais da Constituição de 1988 afirmam. A ideia de um conteúdo formal e material do Princípio da Igualdade se confirma pela sua positivação constitucional e também pela inexorável convergência que os demais princípios fundamentais, regras e valores permitem como construção de uma das finalidades do sistema jurídico.

A definição da igualdade como princípio fundamental permite que outras normas sejam construídas em harmonia com nosso sistema jurídico, naquilo que Ingo Wolfgang Sarlet refere com sendo a função de irradiação dos direitos fundamentais.[185] A estruturação e a manutenção de um sistema jurídico coerente é fruto da construção de normas a partir de princípios fundamentais, recheando o conteúdo normativo das mesmas com aqueles princípios que estruturam o ordenamento jurídico.

---

[185] SARLET, Ingo Wolfgang. Op. cit., p. 142.

Contudo, é traço próprio da norma jurídica ser geral e abstrata, de tal sorte que sua aplicação, via de regra, alcança certa categoria de pessoas e descreve abstratamente a hipótese de incidência do tributo. Sob esse ponto de vista, a interpretação do Direito pela tipicidade contempla essa máxima. Aqui não nos interessa uma igualdade na lei, mas sim, a aplicação do princípio, uma vez que a tipicidade é processo de interpretação do Direito.

Segundo Rolf Eckhoff,[186] "a tipificação é avaliação limitada da realidade". O legislador, ao regular determinada conduta social, identifica na maioria dos casos ocorridos um valor constitucional a tutelar, descrevendo uma conduta comum e determinando uma consequência legal (se, então deve ser).

Ainda que a maioria dos casos represente inegavelmente uma estatística fiel da conduta tutelada, o plexo de relações sociais é infinito, impossibilitando que a imaginação do legislador abranja nas molduras da norma a complexidade das condutas sociais possíveis. A tipificação, assim compreendido o processo de positivação do tipo, é uma visão parcial, embora em muitos casos bastante completa, da conduta social regulada. Como já exposto, tipificar é especificar o objeto, descrevendo as suas notas.

Nesse contexto, a tipicidade e a igualdade (material) convergem no sentido de alcançar as disparidades do caso individual, como mecanismo de Justiça. Inegavelmente, o conceito normativo, quanto mais fechado for, embora possa trazer maior segurança, sob o ponto de vista de previsibilidade, menor aplicação terá aos casos dissonantes. A generalidade e abstração atribuem à lei a concepção de igualdade formal, mas é através do plano material da igualdade que as diferenças individuais poderão ser consagradas. Nesse aspecto, reitera-se, tipicidade e igualdade

---

[186] Op. cit., em ÁVILA, Humbert Bergmann. *Teoria da Igualdade Tributária*. São Paulo: Malheiros, 2008, p. 83.

servem adequadamente ao Princípio de Justiça. Norberto Bobbio com razão observou que a abstração e generalidade da norma possuem como fim consagrar a segurança jurídica, mas que por sua vez acabam enfraquecendo o dever de se atribuir justiça individual.[187]

Com efeito, em matéria tributária seria perigoso afirmar que a utilização de presunções, ficções e outros mecanismos de simplificação da tributação não sejam institutos de juridicidade válida. Ao contrário, tais mecanismos se prestam a importante tarefa de efetivação e controle de evasão fiscal. Diversos são os exemplos que se poderia citar de presunções em matéria tributária, aqui brevemente apontando: (a) o lançamento por estimativa, em que não se considera as operações efetivamente realizadas, mas sim a media presumível; (b) a substituição tributária "para frente" utilizada para incidência do ICMS; (c) também no que diz respeito ao ICMS as pautas fiscais estabelecidas em âmbito federal, dispondo o valor médio de circulação de algumas mercadorias; e (d) as tabelas de valores de imóveis e automóveis para incidência do IPTU e IPVA, respectivamente.

Embora tais presunções não sejam inconstitucionais, precisamente por serem derivações de princípios constitucionais relevantes, e pelo fato de estarem baseadas em comportamentos recorrentes e de estatística comprovada, o fato é que por vezes se chocam de maneira irreparável com peculiaridades individuais dos contribuintes. Como afirma Misabel de Abreu Machado Derzi, "a aplicação individual do direito tem como tarefa superar a distância que existe entre o fato concreto individual, que se dá no mundo do ser e a norma reguladora, a qual se situa no domínio do dever ser".[188]

---

[187] BOBBIO, Norberto. *Teoria Geral da Política*: A Filosofia Política e as Lições dos Clássicos. Rio de Janeiro: Campus, 2000, p. 200.
[188] DERZI, Misabel de Abreu Machado. Op. cit., p. 125.

O Supremo Tribunal Federal já por diversas vezes julgou, com destaque para o *leading case* RE 87.763, julgado pelo Tribunal Pleno em 1979, que é constitucional a pauta imobiliária elaborada pelas administrações municipais, valendo-se de valores arbitrados nos exercícios anteriores, com atualização monetária por índice oficial. Embora esses julgados afirmem o que antes foi dito nesse estudo, ou seja, que as presunções e ficções são práticas válidas perante a Constituição de 1988, precisamente por conferirem efetividade e praticabilidade à arrecadação, jamais a jurisprudência, especialmente do STF, tratou de dispor sobre algum critério que guarneça o Princípio da Igualdade, diante de práticas que tentam igualar os contribuintes simplesmente sob o ponto de vista genérico e da abstração. Obviamente que dois imóveis, segundo os critérios utilizados pelas pautas fiscais, podem acabar sendo tributados de forma igual, ainda que apresentem características próprias que diferencie o seu valor venal.

Fica assim a questão de como harmonizar casos nitidamente diferentes que são tratados de forma igual pelo texto positivado, fazendo com que a praticidade e a tentativa de efetivação da arrecadação entrem em conflito com o principio fundamental de igualdade.

Com efeito, mas assumida a ideia do Direito como sistema, é certo que a concepção de tipificação deve ser interpretada à luz dos princípios que conformam o sistema. É a partir da interpretação sistemática de normas que contêm tipos que se alcançará a melhor resposta aos conflitos, e, diante de casos dissonantes, por meio de técnicas de interpretação que permitam considerar as peculiaridades do objeto, se evitar que o sistema jurídico tenha sua coerência afetada.

2.2.5. Anterioridade

O Princípio da Anterioridade[189] possui índole especificamente tributária, irradiando efeitos apenas sobre a relação obrigacional de pagar tributo.

Na Constituição Federal de 1988, o Contribuinte dispôs inicialmente dessa norma por meio do art. 150, III, "b", prescrevendo que a cobrança ou a majoração de tributo é vedada para a União, Estados, Distrito Federal e Municípios, durante o mesmo exercício financeiro em que publicada a lei que veiculou a instituição ou majoração da exação.

Posteriormente, por meio da Emenda Constitucional nº 42/03, o Poder Constituinte de Reforma acrescentou ao art. 150, III, a letra "c", ampliando para todos os tributos, com exceção daquelas hipóteses previstas no § 1º do referido dispositivo, que cumulativamente com a anterioridade de instituição ou majoração no mesmo exercício financeiro, seja também observada a anterioridade nonagesimal. Segundo a norma prescrita pelo art. 150, III, "c", da Constituição Federal, a instituição ou majoração de tributos pelos entes federativos somente pode ser exigida depois de noventa dias da data de publicação da lei que o instituiu ou o majorou.

Tais considerações já demonstram que a anterioridade é norma que objetiva dar estabilidade à relação jurídico-tributária, possibilitando ao contribuinte antever a carga tributária que sobre ele incidirá, em clara derivação

---

[189] Apenas de se frisar que a anterioridade, assim como a irretroabilidade, será tratada nesse ponto do estudo como princípio por opção terminológica, sem desconsiderar a possibilidade de definir sua dimensão normativa de regra. Não se amolda aos propósitos desse estudo definir a anterioridade e a irretroabilidade em sua dimensão normativa de princípio ou de regra, cabendo inclusive sublinhar que existem autores que consideram que, embora bidimensional, o caráter preponderando dessas normas é de regra, uma vez que descrevem um comportamento objeto a ser observado pelo Legislativo. (ÁVILA, Humberto Bergmann. *Sistema constitucional...*, p. 153).

do Princípio da Segurança Jurídica. Roque Antonio Carrazza aponta com precisão essa derivação ao referir que "o princípio da anterioridade é o corolário lógico do princípio da segurança jurídica. Visa evitar surpresas para o contribuinte, com a instituição ou a majoração de tributos, no curso do exercício financeiro".[190]

Tal derivação entre os princípios demonstra que o Sistema Tributário Nacional consagra uma ideia de previsibilidade, de forma que seja resguardado ao contribuinte o direito de antever o tributo devido. A segurança jurídica reforçada pela legalidade, com qualificação em matéria tributária nos princípios específicos da anterioridade e da irretroatividade, inegavelmente consagra um forte sentido de previsibilidade como atributo das relações tributárias.

2.2.6. Irretroatividade

Assim como a anterioridade, o Princípio da Irretroatividade traz em seu conteúdo normativo uma forte conotação de previsibilidade das relações tributárias, sendo ele uma derivação específica do Princípio da Segurança Jurídica.

A Constituição Federal, por meio do art. 150, III, "a", dispõe expressamente que ficam os entes federativos proibidos de instituir tributos sobre fatos já ocorridos.

Assim, também a irretroatividade revela que o Constituinte definiu como valores da relação tributária a estabilidade, a previsibilidade e a confiabilidade. A proibição da retroatividade deve ser interpretada conforme a segurança jurídica, de tal sorte que ao se vedar que União, Estados, Distrito Federal e Municípios tributem fatos ocorridos no passado, sejam as relações tributárias pautadas pela fina-

---

[190] CARRAZZA, Roque Antonio. *Curso de Direito Constitucional Tributário*. 14. ed. São Paulo: Malheiros, 2000, p. 138.

lidade da previsão e confiança, valores subjacentes da segurança jurídica e do estado de direito.

O Sistema Tributário Nacional, naquilo que revela a irretroatividade como princípio específico em matéria tributária, atribui alta carga axiológica ao estabelecimento de relações tributárias previsíveis, tendo absoluta razão Aliomar Baleeiro ao alertar que "são impróprias, entre nós, aquelas teorias desenvolvidas em ordens jurídicas que não dão ao princípio da irretroatividade a projeção e a importância que merecem na nossa".[191]

2.2.7. Praticidade

O Princípio da Praticidade, embora não esteja disposto expressamente no texto constitucional, ou mesmo em legislações infraconstitucionais, encontra-se implícito e difuso por todo o ordenamento jurídico. É inato ao conteúdo da lei que ela seja exequível e alcance os resultados que geral e abstratamente regula.

Muito provavelmente seja o Princípio da Praticidade o maior aliado do Legislador e do Executivo para justificar uma concepção imprópria de pensamento tipificante. Isto porque, a simplificação da execução das leis tem crescido consideravelmente como técnica para afastar a necessidade de investigação exaustiva do caso isolado, assim como para dispensar a coleta de provas de difícil obtenção.

Em busca da simplificação da execução das leis, legislador e administração pública têm utilizado presunções e ficções, colhendo na vida real tipos que expressam o padrão médio de comportamento ou dos acontecimentos. A serviço da praticidade, colhe-se na vida real o padrão médio de comportamento ou de acontecimentos, presumindo que aquela é a média recorrente dos fatos, para efeito de

---
[191] BALEEIRO, Aliomar. Op. cit., p. 197.

identificação do fenômeno tributário. E com base nessas presunções e ficções, acaba se exigindo o tributo, desconsiderando o fato concreto.

Sem questionar a constitucionalidade da prática fiscal denominada de praticidade, desde que obviamente condicionada a não violação de direitos fundamentais do contribuinte, tais como o não confisco, a igualdade e a livre iniciativa, entre outros, é fato que essa forma de simplificação da execução das leis se socorre do tipo para prescrição do fato gerador. Ocorre que, como adverte Misabel de Abreu Machado Derzi, ainda que por trás da praticidade esteja a segurança jurídica, buscando a garantia e o fortalecimento do crédito tributário, ao se valer do tipo para tanto, legislador e a administração pública acabam desnaturando o tipo, ao quantificá-lo e o transformar em um conceito fechado.[192] Como já exposto, o tipo é um ordem fluída e flexível da realidade que, uma vez definido como presunção sobre a qual incidirá o tributo, afasta-se de sua verdadeira concepção, transformando-o em um conceito, ainda que um conceito advindo de uma presunção.[193]

Tanto na Alemanha, quanto no Brasil, o fenômeno da simplificação da execução das leis funciona com o mesmo propósito: dar praticidade à arrecadação. Em ambos os países, as presunções têm sido largamente utilizadas para facilitar a tarefa arrecadatória, coletando tipos representativos de determinados padrões médios.

Um caso de expressão na Alemanha foi a decisão do Tribunal Financeiro Federal (BFH) que considerou válida a disposição legal que vedada a dedução do imposto de renda de gastos com o doutorado, para obter o título de professor. Embora a carreira de professor na Alemanha dependa da obtenção do título de doutor, o BFH interpretou que a maioria dos acadêmicos que cursam o doutorado

---

[192] DERZI, Misabel de Abreu Machado. Op. cit., p. 326.
[193] BALEEIRO, Aliomar. Op. cit., p. 136.

não o faz com o intuito de exercer a carreira de professor, mas visam efetivamente o prestígio social. A partir desse caso concreto, percebe-se que o Tribunal interpretou a lei sob o ponto de vista da presunção do acontecimento médio e da praticidade, desconsiderando o caso dos acadêmicos que custeiam o doutorado visando estarem aptos para lecionar em escolas superiores.[194]

No Brasil, diversos exemplos de presunções podem ser citados,[195] merecendo destaque a regra do art. 42 da Lei nº 9.430/96, e as pautas fiscais de valores.

Segundo o art. 42 da Lei nº 9.430/96, o valor creditado em conta corrente ou de investimento em instituição financeira, que o titular não consiga fazer prova da origem, é considerado omissão de receita, caracterizando sonegação e sujeitando o titular a constituição do crédito tributário e a aplicação de multa de ofício. Assim, a partir da tipificação de que na média dos casos os depósitos bancários são contabilizados para identificação de sua natureza, criou-se a presunção de que se assim não ocorrer, se estará diante de uma omissão de receita, sujeita à incidência de tributos e das respectivas penalidades.

Outro exemplo de presunção fundada em um tipo é a tributação do ICMS através das chamadas pautas fiscais. Nesse caso, a base de cálculo do imposto deixa de ser o real valor de saída da mercadoria do estabelecimento do

---

[194] OFH, Bay FM BI 1950, 457f. 458Nr 181 *apud* DERZI, op. cit., p. 322.

[195] Presunção de certeza e liquidez da dívida pública; Lei Complementar nº 104/2001 e evasão fiscal; fato gerador presumido; preços de transferência; distribuição disfarçada de lucros; lucro presumido; tributação reflexa na pessoa dos sócios; distribuição automática de lucros; sinais exteriores de riqueza; depósitos bancários não contabilizados; passivo fictício; suprimento de caixa; falta de emissão de documento fiscal; integralização de capital; liquidação de débitos dos sócios; omissão de receita de pessoa física; pautas fiscais de valores; plantas fiscais de valores; declaração de inidoneidade e a glosa de crédito de ICMS; e o extravio e a inutilização de documentos fiscais, In: FERRAGUT, Maria Rita. *Presunções no Direito Tributário*. 2. ed. São Paulo: Quartier Latin, 2005, p. 210 e seguintes.

contribuinte, para recair sobre um valor presumido, arbitrado segundo a média dos preços praticada no mercado.

Em todos os exemplos, a realidade de fundo é a mesma. O legislador e a administração pública usam tipos para identificar padrões médios e acontecimentos típicos para simplificar o sistema de arrecadação, justificando essa prática na exaustiva necessidade de investigação do caso isolado, ou mesmo na dificuldade da coleta de provas.

3 – A tipificação e o direito tributário: a compatibilidade com o sistema tributário brasileiro

3.1. Os elementos da regra-matriz de incidência tributária

Para a avaliação da tipicidade como forma de interpretação sistemática do Direito Tributário, necessário que previamente se analise a incidência tributária, em especial a compreensão da formação da regra-matriz.

Não há como tratar de Direito Tributário sem considerar a importante contribuição de Paulo de Barros Carvalho, responsável por sistematizar os elementos que compõem a norma tributária de incidência, através da denominada "regra-matriz de incidência tributária".[196] A regra-matriz é a sistematização dos elementos indispensáveis a qualquer tributo, descrevendo o antecedente da incidência tributária, marcado pela formulação hipotética "se ocorrer o fato F", definindo uma consequência para essa hipótese, precisamente o surgimento da obrigação de pagar tributo. Trata-se de norma geral e abstrata, disposta em potência no texto legal, aguardando que o intérprete capte um fato da vida, para ao descrevê-lo em linguagem jurídica (fato jurídico), fazer nascer a obrigação tributária.

---
[196] CARVALHO, Paulo de Barros. Op. cit., p. 80.

A construção da regra-matriz, enfatiza Carvalho, é tarefa do intérprete, que, por meio da avaliação do fato, define se o mesmo se amolda nas prescrições legais, com especial ressalva para a necessidade do intérprete sempre partir da avaliação "dos estímulos sensoriais do texto legislado (reduzindo o direito à forma escrita)".[197] Assim, quando o intérprete afirma que determinado fato econômico da vida se amolda nas prescrições legais positivadas, surge um laço obrigacional em que, de um lado, o Estado, ou quem faça suas vezes, se torna titular de uma prestação pecuniária, na figura de sujeito ativo, e, de outro, o contribuinte se torna devedor de quantia em dinheiro, na condição de sujeito passivo.

O isolamento de todas as proposições que formam a relação obrigacional de pagar tributo forma a regra-matriz de incidência tributária, permitindo ao intérprete a melhor avaliação da incidência, em especial sob o ponto de vista de sua validade constitucional e legal.

3.1.1. Antecedente

Diversas são as expressões utilizadas para descrever o antecedente que determina o surgimento do dever de pagar tributos, sendo o fato gerador a expressão de maior dimensão, a partir da utilização pelo Código Tributário Nacional. Contudo, todas acabam por descrever, sob o mesmo signo linguístico, realidades distintas, quais sejam: (i) o evento de fato descrito na lei que enseja o surgimento da obrigação tributária, e (ii) o próprio evento de fato ocorrido no plano social. Alfredo Augusto Becker chega a referir que a multiplicidade de denominações para tratar

---

[197] CARVALHO, Paulo de Barros. Op. cit., p. 80.

de eventos diversos, como se sinônimos fossem, "gera coisa alguma senão confusão intelectual".[198]

Para a descrição do fato hipoteticamente prescrito na lei, Geraldo Ataliba o define como "fato imponível".[199] Já Paulo de Barros Carvalho utiliza a denominação de "fato jurídico tributário" e "hipótese tributária" para definir o fato geral e abstratamente disposto no texto legal.[200]

Assim, na parte antecedente da norma ficam descritas as diretrizes que identificam os eventos de cunho econômico (critério material) que relacionam sujeito ativo e passivo, a definição do espaço de tempo necessário (critério temporal) e o espaço físico em que caracterizado o evento (critério espacial).

Essa fenomenologia da incidência não é específica do Direito Tributário. Toda e qualquer regra jurídica, seja ela de natureza civil, penal, processual, constitucional etc., tem estrutura lógica comum, em que a confirmação do suporte fático cria uma relação jurídica. Por isso a figura do intérprete é extremamente relevante para a incidência tributária, ainda mais quando o tema é a fenomenologia. Pontes de Miranda afirma que o fático é que deve ser estudado, questão que no Direito Tributário está vinculada ao evento econômico que determina a incidência do tributo.[201]

3.1.2. Consequente

Confirmado o acontecimento de fato e tendo o mesmo sido convertido em linguagem jurídica (fato jurídico),

---

[198] BECKER, Alfredo Augusto. *Teoria Geral do Direito Tributário*. 3. ed. São Paulo: Lejus, 1998, p. 318.
[199] ATALIBA, Geraldo. *Hipótese de Incidência Tributária*. 6. ed. São Paulo: Malheiros, 2000. p. 15.
[200] CARVALHO, Paulo de Barros. Op. cit., p. 238.
[201] PONTES DE MIRANDA. *Tratado de Direito Privado*. Rio de Janeiro: Prefácio, 1954, p. 71.

surge a obrigação tributária de pagar tributo, passando o Estado, revestido da condição de credor (sujeito ativo) a ostentar o direito de receber do contribuinte (sujeito passivo) importância pecuniária.

Apenas cabe a ressalva ao fato de que não necessariamente a obrigação tributária tenha como consequência direta o pagamento de tributo, existindo deveres de cunho não pecuniário, como escriturar livros, declarar tributos, expedir notas fiscais, apresentar os documentos fiscais e contábeis exigidos em procedimento de fiscalização, caracterizados como deveres acessórios. Embora esses deveres não tenham como consequência direta o recolhimento de tributo, eles existem para aparelhar a relação obrigacional tributária, buscando a identificação dos fatos econômicos objeto de tributação.

A dificuldade começa diante da presença de um conceito ou de um tipo na descrição do fato, produzindo consequências de maior ou menor abrangência. A interpretação da consequência não é um simples processo formal, mas sim de qualificação do fato ocorrido no plano social e da interpretação de sua adequação com a hipótese prevista em lei.

Assim, como mais a frente será analisado, a descrição hipotética do fato na norma por um conceito, ou por um tipo, pode influenciar o resultado da interpretação. Enquanto a presença de um conceito no antecedente de uma norma conduz para uma interpretação por subsunção, bem mais rígida, a presença do tipo altera a forma de interpretação do direito para a tipificação, através de um silogismo por ordenação ou correlação.

3.2. As dimensões do fato gerador

O fato gerador, como elemento da regra-matriz de incidência, tem como função assinalar o conjunto de fatos ou estados que o legislador indica como determinantes para o nascimento da obrigação de pagar tributo.[202] Em regra, a doutrina, como aponta Amílcar Araújo Falcão, converge no sentido de que ao menos são três os elementos essenciais para a formação do fato gerador: (i) previsão em lei; (ii) constituir um fato e não um ato negocial ou um negócio jurídico para o direito tributário e (iii) expor o pressuposto de fato por meio do qual surge a relação de obrigação tributária.[203]

O Direito Tributário é um ramo do Direito que, por expressa determinação constitucional e por estruturar uma relação obrigacional com forte restrição ao direito de propriedade e de liberdade, encontra na legalidade um fator de forte limitação. Como decorrência, a determinação do fato gerador, em que o legislador descreve um evento fático, cujo acontecimento concreto faz nascer o dever de pagar tributo, deve estar claramente formalizada em lei.

Sabidamente o Direito brasileiro, e nesse aspecto nosso Direito Tributário em nada se distingue, recebe influência tanto alemã, como ibérica e anglo-saxônica, dentre outras, processando diversas fontes em um só ordenamento. Por vezes, essa importação das fontes traz consigo traduções divergentes, estabelecendo um problema de compatibilidade entre as mesmas, dificultando a interpretação.

A necessidade do fato gerador estar claramente expresso em lei, somado ao fato da já referida tendência classificatória do Direito, fez com que o tipo e o fato gerador fossem impropriamente tratados como sinônimos. Isso porque, como bem adverte Misabel de Abreu Machado Derzi,[204] a forte influência da teoria alemã nos sistemas jurídicos ibéricos e latino-americanos determinou a

---

[202] FALCÃO, Amílcar Araújo. *Fato Gerador da Obrigação Tributária*. 6. ed. Rio de Janeiro: Forense, 1999, p. 2.
[203] Idem, p. 7.
[204] DERZI, Misabel de Abreu Machado. Op. cit., p. 64.

tradução apressada de *Tatbestand* como sinônimo de tipo, reduzindo indevidamente o alcance do tipo para o que doutrinadores como Alberto Xavier definem como "tipicidade fechada".[205]

Os tipos, por sua graduação aberta, não se confundem com fato gerador (*Tatbestand*), cuja limitação imposta pela legalidade o torna rígido, como forma de alcançar exatidão da descrição do fato que faz nascer a obrigação tributária. Em síntese, há impropriedade quando se define tipicidade como fato gerador.

Mesmo diante da imprecisão técnica resultante do tratamento de tipos e fato gerador como sinônimos, mas sendo possível haver no fato gerador a presença de um tipo, é bastante importante analisar tal circunstância, já que, uma vez assim acontecendo, a tarefa do intérprete se acentua como responsável em revelar o fato gerador concreto. Em assim ocorrendo, ficaria ao exegeta a atividade de definir o fato gerador concreto, utilizando como ponto de partida o fato gerador abstratamente descrito em lei. Precisamente seria essa a confirmação a ser buscada, validando a possibilidade de se realizar no Direito Tributário interpretações tipificantes.

O que se esta analisando nesse ponto do estudo é a possibilidade do Direito ser aplicado não simplesmente por subsunção, mas por meio do que Humberto Bergmann Ávila define como "correlação".[206] Ao invés de um silogismo de tudo ou nada, a possibilidade de uma valoração pelo exegeta, capaz de permitir a "correlação" em maior ou em menor grau, até a integral ausência do traço típico, como moldura para o surgimento da obrigação tributária. O juízo de semelhança entre o "ser" e o "dever ser" se daria por meio de uma aplicação do direito marcada por

---

[205] XAVIER, Alberto. *Os Princípios da Legalidade e da Tipicidade da Tributação*. São Paulo: Revista dos Tribunais, 1978, p. 37.

[206] ÁVILA, Humberto Bergmann. *Sistema Constitucional ...*, p. 181.

"correlação", tomando a descrição do fato gerador como o objeto a ser medido pelo intérprete.

Mas cabe ser frisado que a atuação do intérprete como concretizador do fato gerador, valorando a completude dos elementos distintivos do tipo, não representa uma abertura irrestrita. Ao contrário, a positivação de um fato gerador abstrato, dotado de elementos previamente definidos pelo legislador, apresenta certos traços de limitação, assim como ocorre quando a interpretação se dá sobre conceitos.

Não se pode negar, como bem afirma Karl Larenz, que a aplicação do Direito por meio de conceitos também toma por base a valoração dos elementos que aos conceitos podem ser subsumidos.[207] O autor refere que:

> Para levar a cabo essa missão, o caminho mais curto parece se formar, a partir de conceitos abstratos, previsões às quais possam ser subsumidos sem esforço todos os fenômenos da vida que representam as notas distintivas do conceito. Não só são caracterizáveis mediante conceitos abstratos as situações de facto a regular, mas também as conseqüências jurídicas e conteúdos de regulação a elas associados.[208]

Conceitos demandam ao intérprete uma valoração, ao passo que o tipo permite a graduabilidade, o escalonamento, a combinação, afastando a ideia de justa posição.

Assim, para a melhor compreensão da presença dos tipos no fato gerador, importante analisar e diferenciar as dimensões abstrata e concreta do fato imponível.[209]

3.2.1. O fato gerador abstrato

A adequação entre o fato gerador abstrato e fato gerador concreto recebe do Direito Alemão uma denomina-

---

[207] LARENZ, Karl. Op. cit., p. 626.
[208] Idem, p. 626.
[209] CARVALHO, Paulo de Barros. Op. cit., p. 106.

ção própria: *Tatbestandmässigkeit*. Tal expressão denomina que o fato da vida (*Tatsache*) se adapta com precisão a hipótese prescrita na norma (*Tatbestand*). Como antes afirmado, o Princípio da Legalidade exige que a tributação seja resultado da precisa conformação do fato planejado abstratamente na norma, com o evento fenomênico, realizando o silogismo de justa posição entre a premissa maior e a menor.

Como já exposto, erroneamente essa metodologia de silogismo foi traduzida para o Direito brasileiro como sinônimo de tipicidade,[210] muito pela forte corrente doutrinária penal e pela jurisprudência do Supremo Tribunal Federal, que, em matéria criminal, assim define a caracterização do fato com o crime prescrito na lei.[211]

A imprecisão da premissa desconsidera que no interior do fato gerador há uma divisão clara entre o antecedente e o consequente, hipótese bem exposta por Paulo de Barros Carvalho ao sistematizar a regra-matriz de incidência tributária.[212] A norma trata de descrever a situação de fato que, se confirmada, impõe como consequência a obrigação de pagar tributo, prescrevendo que se ocorrido o evento hipoteticamente descrito, estará obrigado o sujeito passivo a recolher tributo ao sujeito ativo. Embora não haja uma separação rígida entre o antecedente e o consequente do fato gerador, ficando ambos abstratamente previstos na norma, naquilo que o silogismo tributário representa pela figura de "se A, então B", o mesmo não ocorre no campo da interpretação do fenômeno de fato. Enquanto

---

[210] DE OLIVEIRA, Yonne Dolácio. Op. cit., p. 46.

[211] HC 104403/SP – SÃO PAULO, Relator(a): Min. CÁRMEN LÚCIA, julgamento em 02/12/2010, Órgão Julgador: Primeira Turma; Ext 1197/REPÚBLICA ITALIANA, Relator(a): Min. RICARDO LEWANDOWSKI, julgamento em 25/11/2010, Órgão Julgador: Tribunal Pleno; HC 104070/SP – SÃO PAULO, Relator(a): Min. GILMAR MENDES, julgamento em 24/08/2010, Órgão Julgador: Segunda Turma.

[212] CARVALHO, Paulo de Barros. Op. cit., p. 80.

no plano da norma há a formação de um arquétipo abstrato, o mesmo não se pode dizer da avaliação do fato em si, esse sim com traços fenomênicos irrenunciáveis.

Como bem expõe Paulo de Barros Carvalho, os eventos fenomênicos somente ingressam no mundo jurídico se estiverem relatados por meio de linguagem satisfatória.[213] Disso resulta a conclusão de que há distinção entre fato e fato jurídico, havendo, como afirma Pontes de Miranda, "um intervalo entre a realidade social, constituída pela linguagem natural, e a realidade jurídica, constituída pela linguagem do Direito, já que essa última se constrói a partir da primeira".[214] Assim, "somente quando tivermos a descrição juridicamente adequada, a norma geral e abstrata incidirá, transformando o ato humano em fato jurídico", como define Maria Rita Ferragut.[215] Ocorre que a confirmação de que o fato social se encaixa na descrição hipotética da norma é processo de interpretação, de tal sorte que se pode afirmar que a criação do fato jurídico é resultado da atividade do exegeta, tendo como produto um fato gerador concreto. Esse processo de aplicação do Direito por meio da concretização do fato gerador ganha contornos próprios quando há um tipo presente no fato gerador abstrato.

Ao se resumir a tipicidade ao plano da norma, desconsiderando que a presença de um tipo no fato gerador oportuniza ao intérprete a avaliação do fato da vida com a riqueza temática própria dos tipos,[216] acaba sendo suprimida a existência de um plano concreto do fato gerador que, como acima afirmado, traria como consequência a abertura do sistema jurídico.

---

[213] CARVALHO, Paulo de Barros. Op. cit., p. 105.
[214] PONTES DE MIRANDA. Op. cit., p. 77.
[215] FERRAGUT, Maria Rita. Op. cit., p. 48.
[216] TORRES, Ricardo Lobo. *O Princípio da Tipicidade* ..., p. 199.

3.2.2. O fato gerador concreto

Como disposto acima, se a aplicação do Direito, e por óbvio do Direito Tributário, se reveste de um silogismo jurídico, de forma que o fato se ajusta a uma das interpretações da norma, ou, diga-se, o abstrato se ajusta ao concreto, daí resulta a concretização do fato gerador.

O silogismo jurídico não é um processo simplesmente formal, tanto depende da interpretação da hipótese prevista na norma, como do fato ocorrido no mundo da vida. Como antes vimos, a interpretação é um processo de discernimento do sentido do texto, a partir de um caso concreto.[217] Assim, se interpretar é aplicar o Direito, sendo o fato o elemento decisivo nesse processo, assiste plena razão para Eros Grau quando afirma que:

> Inexiste tensão entre direito e realidade; não existe um terreno composto de elementos normativos, de um lado, e de elementos reais ou empíricos, do outro. Por isso, a articulação ser e dever-ser (a relação norma-fato) é mais do que uma questão filosófica do direito; é uma questão da estrutura da norma jurídica tomada na sua transposição prática, e, por consequência, ao mesmo tempo uma questão da estrutura deste processo de transposição. Isso significa que a norma é produzida, pelo intérprete, não apenas a partir de elementos colhidos no texto normativo (mundo do dever-ser), mas também a partir de elementos do caso ao qual será aplicada – isto é, a partir de dados da realidade (mundo do ser).[218]

A correta interpretação do fato gerador não advém de uma solução previamente acabada, como se fosse possível resolver os problemas jurídicos por simples leitura de textos. Revisitando Eros Grau, define o autor que "a interpretação do direito se realiza não como mero exercício de leitura de textos normativos, para o quê bastaria ao intérprete ser alfabetizado".[219]

---

[217] GADAMER, Hans-Georg. *Verdade e Método...*, p. 83.
[218] GRAU, Eros. Op. cit., p. 99.
[219] Idem, p. 93.

A interpretação do Direito é resultado da análise conjunta da norma e do fato, fazendo concluir que ambas são decisivas e inseparáveis, resultando, como na visão de Miguel Reale, uma "qualificação normativa" do fato concreto.[220] Assim, ainda que haja a prescrição hipotética de um evento pela norma, haverá sempre a necessidade de sua qualificação, por meio da interpretação, valorando, ou, quando houver a presença de um tipo no fato gerador, fazendo a chamada tipificação, em que o fato é ordenado dentro de uma realidade mais fluída dos movimentos sociais. A presença do tipo no fato gerador permite que o objeto de interpretação seja correlacionado com a norma de modo mais amplo, permitindo que determinados objetos ou acontecimentos, que pela sua natureza não se enquadrariam no conceito, sejam alcançados pelos efeitos de uma interpretação jurídica tipificante.

3.3. O estudo sobre o método de aplicação do Direito Tributário

A questão que ocupa boa parte dos autores modernos está na identificação como se chegar a uma decisão justa, considerando as peculiaridades do caso concreto, as prescrições legais e a orientação advinda dos princípios. Como antes já exposto, a metodologia de aplicação do Direito Tributário é revestida da ideia de silogismo jurídico, em que o direito é o resultado da subsunção da hipótese prescrita na lei (premissa maior), ao fato concreto (premissa menor).

O silogismo jurídico tem sido aceito amplamente no Direito Tributário como método de aplicação do Direito, em especial pela forte carga axiológica que o Princípio da Legalidade exerce nesse ramo do direito.

---

[220] REALE, Miguel. *O Direito como Experiência*: Introdução a Epistemologia Jurídica. Saraiva: São Paulo, 1992, p. 205.

Por meio do silogismo se passou a interpretar que no fato gerador estavam presentes todos os elementos necessários para hipoteticamente descrever a obrigação tributária, tendo Ruy Barbosa Nogueira desenvolvido de forma precursora essa teoria sobre a incidência tributária.[221] Mais adiante, a teoria normativista de incidência tributária pela subsunção foi melhor desenvolvida, a partir da descrição da *regra-matriz de incidência tributária* por Paulo de Barros Carvalho.[222]

Contudo, uma apressada adaptação da metodologia de aplicação do Direito Tributário por silogismo com a teoria dos tipos fez surgir no Brasil a concepção de que no Direito Tributário o fato gerador é a representação do tipo, aquele que Karl Larenz denominou de *tipo real normativo*.[223] Pautando-se na concepção de que todos os elementos da regra-matriz de incidência tributária devem estar prescritos na norma, Yonne Dolacio de Oliveira afirma que o tipo é cerrado como forma de garantia individual do contribuinte, fortalecendo a previsibilidade das relações tributárias.[224]

O fato que salta aos olhos ao se analisar as conclusões da corrente que defende ser o tipo tributário uma manifestação do fato gerador, ou mesmo a representação de uma legalidade qualificada, é que essa análise metodológica elege a lei como *prius*, considerando o texto legal como o problema de interpretação do Direito Tributário.[225] Em contrapartida, é praticamente assente na doutrina moderna, como ilustra António Castanheira Neves, a necessidade do caso concreto ser o foco da aplicação do Direito,

---

[221] NOGUEIRA, Ruy Barbosa. *Direito financeiro*: curso de direito tributário. 3. ed. São Paulo: José Bushatsky, ANO, p. 111-120.
[222] CARVALHO, Paulo de Barros. Op. cit., p. 86.
[223] LARENZ, Karl. Op. cit., p. 662.
[224] DE OLIVEIRA, Yonne Dolacio. Op. cit., p. 71.
[225] XAVIER, Alberto. *Tipicidade da Tributação ...*, p. 22.

sendo o texto legal utilizado como instrumento e os princípios como critério.²²⁶

Do ponto de vista metodológico, a contribuição de António Castanheira Neves está em evidenciar que o decidir jurídico não se resume a um deduzir abstrato, o que equivaleria a resolver um problema eliminando dele o seu contexto e conteúdo problemático. Assim, aqueles que focam no texto como objeto primordial de interpretação do Direito não levam em conta que a determinação dos fatos é concebida para resolver um certo problema concreto, sendo que somente em face desse fato é que pode ser visto, ao menos para que se caminhe para além do campo dos postulados. Segundo o jurista luso:

> O caso jurídico não é apenas o objecto decisório-judicativo, mas verdadeiramente a perspectiva problemática-intencional que tudo condiciona e em função da qual tudo deverá ser interrogado e resolvido. Pelo que a interpretação jurídica só será entendida em termos metodologicamente correcta se for vista como a determinação normativo-pragmaticamente adequada de um critério jurídico do sistema do direito vigente para a solução do caso decidendo.²²⁷

A postura de António Castanheira Neves é em síntese uma crítica ao positivismo jurídico, conflitando, assim, com parte da doutrina nacional, segundo a qual o tipo tributário é uma representação do fato gerador, ou, como refere Alberto Xavier, uma legalidade qualificada.²²⁸ Nesse aspecto, a concepção metodológica de aplicação do direito de António Castanheira Neves em muito se aproxima daquela defendida por Ronald Dworkin.

Ronald Dworkin sustenta que o sistema jurídico não é um sistema acabado de regras, mas sim de regras e princípios que não podem ser interpretados em apartado da moral. O método de interpretação do Direito defendido

---

²²⁶ Neves, António Castanheira. Op. cit., p. 142.
²²⁷ Idem, p. 143.
²²⁸ XAVIER, Alberto. *Tipicidade da Tributação* ..., p. 22.

por Dworkin refere que as regras resolvem por silogismo diversos casos, mas há casos em que os textos positivados não possuem as respostas pré-prontas que os positivistas imaginam que o sistema jurídico tenha. Mesmo que para esses casos remaneșa o dever dos juízes de declarar a quem o Direito assiste no conflito. Segundo o autor, esse dever de resposta a casos difíceis não legitima uma discricionariedade dos juízes para legislar, mas *"remains the judge's duty, even in hard cases, to discover what the rights of the parties are, not to invent new rights retrospectively"*.[229] Nos chamados *hard cases*, Ronald Dworkin reforça o papel dos princípios como critério de decisão, dando ao intérprete, em especial a Suprema Corte Americana, e por certo as demais Corte Constitucionais, o papel de maior relevância no cenário jurídico.

Importante considerar que mesmo nos casos em que o silogismo jurídico permite ao juiz ou a administração pública subsumir o texto legal ao fato concreto, não se esta diante de um processo meramente formal, havendo ainda nesses casos a necessidade de interpretação da qualificação do fato ocorrido na vida real, negando, assim, a concepção positivista de fechamento do sistema jurídico.[230] Essa afirmação se torna relevante na medida em que, ainda que a legalidade puxe a aplicação do Direito Tributário para a subsunção, esse método não se encontra acabado em si mesmo, demandando ainda a interpretação. Como bem adverte Humberto Bergmann Ávila,

> O decisivo, mesmo, é saber qual é o modo mais seguro de garantir sua aplicação e sua efetividade. Ocorre que a aplicação do Direito depende precisamente de processos discursivos e institucionais sem os quais ele não se torna realidade.[231]

---

[229] DWORKIN, Ronald. *Taking Rights Seriously*. Cambridge: Harvard University Press, 1978, p. 81.
[230] TORRES, Ricardo Lobo. *O Princípio da Tipicidade* ..., p. 214.
[231] ÁVILA, Humberto Bergmann. *Teoria dos Princípios*..., p. 17.

Inegavelmente, o Direito Tributário, como referido, acaba encontrando nos conceitos determinados e indeterminados uma melhor forma de interpretação, usando a subsunção como método. Contudo, vem se difundindo no Direito Tributário uma assim chamada interpretação tipológica, que busca a praticidade e a otimização da arrecadação. De pronto, já se pode afirmar que, embora denominada de tipicidade, a simplificação da arrecadação nada com ela tem a ver, como vem se expondo nesse estudo, demandando, inclusive, uma análise se tal metodologia de otimização da arrecadação é compatível com o Sistema Tributário Nacional.

3.4. O tipo no sistema jurídico e no sistema tributário

Ao longo desse estudo foram destacadas as diferentes acepções que a palavra tipo vem recebendo pela doutrina jurídica e, em especial, pela doutrina tributária. A palavra *tipo* é definida como ordenação de realidades fluídas e graduais, em que a materialidade individual é considerada como forma de melhor demonstração do objeto; como sinônimo de fato gerador, em que, por influência da legalidade, a "tipicidade cerrada" exige não só a instituição ou majoração de tributo por meio de lei, mas exige também uma legalidade qualificada, resultado da descrição abstrata de todos os elementos que conformam a regra-matriz de incidência tributária; como também um sentido contemporâneo de tipo ligado ao mecanismo simplificador e de praticidade da arrecadação e da execução das leis.

Inegavelmente, o modo tipificante de interpretação do Direito é extremamente moderno, permitindo uma interpretação sistemática em que, como defende Claus--Wilhelm Canaris, a ordem de valores e de finalidades formada pelo sistema permite ao intérprete alcançar a resposta mais justa diante do caso concreto.[232] A identificação de um tipo permite uma leitura muito rica do objeto, já que ao se deixar de lado a concepção fechada de conceito, se permite uma comparação de objetos em diferentes intensidades, peculiaridade de um sistema aberto, em que a rigidez e a presunção de acabamento não se alinham.

Contudo, a tipicidade no Direito Tributário brasileiro vem sendo tratada como sinônimo de fechamento, própria de uma legalidade qualificada. Como afirma Alberto Xavier, no Direito Tributário existe a necessidade de uma tipicidade cerrada, em que não simplesmente haja um fato gerador que descreva com precisão a hipótese de fato e a consequência, que, se subsumidas, determinam o dever de pagar tributo, mas também a necessidade de que todos os demais elementos que formam o arquétipo do tributo tenham a lei como única fonte jurídica.[233]

Importante também considerar, pela forte influência que a doutrina da teoria geral do direito público alemão exerce sobre a doutrina tributária brasileira, que a tipicidade tem sido fortemente utilizada como técnica de simplificação e praticidade na execução das leis. Tomando-se como exemplo o Imposto Predial e Territorial Urbano – IPTU –, ou mesmo o Imposto sobre a Circulação de Mercadorias – ICMS –, ciente o legislador da dificuldade de praticar uma investigação exaustiva de cada caso, ou mesmo visando reduzir os custos públicos de fiscalização ou as dificuldades de produção de provas, prefere o ele colher o tipo real e o fechar em um conceito. Ao presumir que todos os imóveis de um determinado tamanho, situados em certo bairro, possuem o mesmo valor venal, ou mesmo ao impor uma pauta fiscal indicando o valor de saída do estabelecimento comercial de determinada mercadoria, a

---

[232] CANARIS, Claus-Wilhelm. *Pensamento Sistemático e Conceito de Sistema na Ciência do Direito*. Lisboa: Fundação Calouste Gulbenkian, 2002, p. 254.

[233] XAVIER. Alberto. *Os Princípios da Legalidade e da Tipicidade da Tributação*. São Paulo: Revista dos Tribunais, 1978, p. 61-62.

rigor o legislador analisou empiricamente as características médias daqueles imóveis e daquelas mercadorias, presumindo efeitos tributários abstratos para todos os casos que ali se subsumam, frise-se, desconsiderando as particularidades dos casos dissonantes. Misabel de Abreu Machado Derzi chama a atenção para o fato desse tipo de técnica, que através da praticidade quer alcançar segurança jurídica ou previsibilidade das relações tributárias, embora utilize um tipo real, não é categoricamente uma tipificação, mas sim uma "conceituação determinada e especificante".[234]

De toda sorte, tomando as duas principais acepções que a tipicidade vem recebendo no Direito Tributário brasileiro, a relembrar, a ideia de uma tipicidade cerrada, marcada pela qualificação da legalidade, em que todos os elementos do arquétipo do tributo devem estar em lei, ou a identificação do típico para dar praticidade e simplicidade na interpretação e execução das leis, em ambos os casos não se têm uma interpretação fluída e gradual do objeto, naquilo que originalmente se denominou como método tipificante de interpretação do Direito.

Parece ser assente na doutrina moderna, naquilo que afirmam José Joaquim Gomes Canotilho, Robert Alexy e Humberto Bergmann Ávila,[235] que os princípios jurídicos estão em permanente conflito e que seu conteúdo possui normatividade de caráter *prima facie*, podendo um princípio afastar o outro, sem determinar sua invalidade (retirada do sistema jurídico), tudo obviamente diante de um caso concreto. Tal situação nos leva a interpretar que a concepção da tipicidade cerrada, objetivando a segurança jurídica através do regramento de todas as hipóteses

---

[234] DERZI, Misabel de Abreu Machado. Op. cit., p. 366.
[235] CANOTILHO, José Joaquim Gomes. Op. cit., p. 1159-1243; ALEXY, Robert. *Teoria dos Direitos Fundamentais*. Tradução de Virgílio Afonso da Silva. São Paulo: Malheiros, 2008, p. 85-176; Ávila, Humberto Bergmann. *Teoria dos Princípios...*, p. 31-75.

sobre as quais o dever de pagar tributo irá nascer é uma concepção relativa, na medida em que a própria segurança jurídica poderá ser relativizada diante de um caso concreto e, sabe-se, não se descreve segurança jurídica como exigência de um sistema jurídico fechado.[236] Toda vez que uma regra for afastada em virtude de um princípio, se pode afirmar que aquele princípio preponderou perante a segurança jurídica, na medida em que o fechamento de uma situação de fato em uma regra é uma materialização da legalidade, buscando alcançar segurança. Ao fechar em uma regra que a velocidade máxima de trânsito em certa via pública é de 60 km/h, o legislador tratou de prescrever uma situação geral e abstrata, dando previsibilidade para todos sobre a situação de fato que pode gerar a incidência de uma multa. Contudo, mesmo o condutor flagrado por controlador eletrônico trafegando acima da velocidade máxima permitida pode se eximir da penalidade, provando que assim procedia para levar um acidentado ao hospital mais próximo. Perceba-se que mesmo diante de uma regra com previsão geral e abstrata, dando, através da legalidade, a segurança jurídica desejada, a previsibilidade de consequência pode ceder diante de um caso concreto, que traga consigo outro princípio, no caso, o princípio da saúde.

Mesmo na hipótese do uso da tipicidade como metodologia para justificar uma praticidade ou simplificação da arrecadação e execução das leis tributárias, devendo essa técnica necessariamente ser veiculada por lei, a praticidade só pode adotar um critério legítimo, se orientada pela legalidade. Nesse caso, retornar-se-ia ao problema anterior, em que pelos princípios não possuírem uma normatividade absoluta, podem ceder diante de outros que normatizem casos concretos.

---

[236] ÁVILA, Humberto Bergmann. *Sistema Constitucional* ..., p. 193.

3.5. A tipicidade como ajuste do abstrato ao concreto e a sua aplicação como resguardo do sistema

Como se vem expondo ao longo desse estudo, identificamos o Direito como um processo de interpretação, resultado de um silogismo, através do qual é comparada uma premissa maior, prescrita de forma geral e abstrata no texto legal (abstrato), com a premissa menor, o fato do mundo real (concreto). A partir da realização desse silogismo, surge o fato jurídico,[237] o que em matéria tributária equivale ao surgimento da obrigação de pagar tributo.

Contudo, esse silogismo jurídico não é um processo meramente formal, naquilo que adverte Ricardo Lobo Torres.[238] No processo de interpretação que conduz do abstrato ao concreto haverá a necessidade do intérprete realizar uma valoração ampla, tanto analisando o fato do mundo real, como analisando a regra a ser aplicada, tudo em conformidade com a integralidade do ordenamento jurídico. No processo de aplicação do Direito é necessário que o intérprete valore o fato, a partir da sua descrição em linguagem jurídica, fazendo também a releitura da regra, de acordo com os princípios que orientam a formação do seu conteúdo normativo. Humberto Bergmann Ávila chama a atenção para o fato de que, embora as regras já contenham em seu conteúdo normativo elementos próprios dos princípios que serviram de fundamento para sua criação, cabe ao intérprete, no processo de interpretação do caso concreto, realizar uma "interpretação conforme", permitindo uma maior afirmação da regra aplicada, por meio de uma fundamentação sistemática. Segundo o autor, esse processo de interpretação, em que o ordenamento jurídico como um todo é objeto de aplicação, tem um resultado

---
[237] PONTES DE MIRANDA. Op. cit., p. 41.
[238] TORRES, Ricardo Lobo. *O Princípio da Tipicidade* ..., p. 215.

bem mais satisfatório do que simplesmente a aplicação de suas partes.[239]

De qualquer forma, ainda que a interpretação não seja simplesmente um processo mecânico, em que a mera identificação de duas premissas, a maior e a menor, bastaria para que o fenômeno jurídico ocorresse, sendo necessário ainda considerar o sistema jurídico em seu todo, não há como desconsiderar a presença de um silogismo nesse processo. Esse silogismo, em especial no Direito Tributário, é fortemente iluminado pela legalidade, em que a obrigação de pagar tributo somente nasce se a previsão abstrata e positivada de determinada situação fática for confirmada por meio de um evento transcrito em linguagem.[240]

Precisamente no interior da regra que forma a premissa maior do silogismo jurídico é que pode estar o tipo, conduzindo o processo de interpretação para a ordenação, ao contrário do que ocorre diante da presença de um conceito fechado, cuja análise do caso concreto se produz por subsunção.

Já antes afirmamos que a interpretação do Direito por meio de um tipo permite uma coleta mais rica do objeto, ao se permitir sua correlação com a lei, através de diferentes intensidades de manifestação. A interpretação tipificante do Direito não se faz por subsunção, mas por ordenação, comparando o objeto com as diferentes intensidades proporcionadas por sua descrição pelo tipo.[241]

Em contrapartida, o conceito veicula uma nota, uma descrição, fechada do objeto, em que a interpretação do direito se dá pela subsunção do fato ocorrido no mundo fenomênico, relativamente ao conceito de fato prescrito no texto legal. O conceito, por sua natureza fechada, somente

---

[239] ÁVILA, Humberto Bergmann. *Sistema Constitucional* ..., p. 48.
[240] CARVALHO, Paulo de Barros. Op. cit., p. 82.
[241] DERZI, Misabel de Abreu Machado. Op. cit., p. 114.

permite uma interpretação excludente, em que o fato real ou se subsume na regra, e, com isso, determina a incidência tributária, ou a obrigação tributária não se materializa.[242]

Por suas diferentes características, a escolha do legislador por um tipo denota uma valorização mais forte de princípios como a igualdade e a mutação das relações sociais, valendo relembrar, como adverte Cláudia Lima Marques, que a tarefa do legislador sempre encontrará grande dificuldade se comparada com a agilidade do desenvolvimento das relações sociais.[243] O tipo permite um "maior tempo de validade" para a regra, já que sua fluidez e permeabilidade permitem ao intérprete correlacionar ao tipo fatos que, embora tenham sofrido mutação, ainda assim conseguem ser a ele correlacionados. Ao mesmo tempo em que os traços característicos do tipo permitem a duração a longo prazo da regra, a segurança jurídica acaba sendo enfraquecida, já que a tarefa do intérprete ganha maior relevo.

Inegavelmente, a presença de um conceito em uma regra, pelo seu traço fechado e por restringir suas hipóteses de incidência, dá previsibilidade e segurança ao Direito, reduzindo em contrapartida a igualdade, ao retirar do intérprete a possibilidade de correlacionar a regra casos dissonantes, aplicando a igualdade em sua dimensão material.[244]

A questão é identificar se a utilização de tipos no Direito Tributário encontra validade perante o Sistema Tributário Nacional. Como já antes demonstrado, a tipicidade não se confunde com a "tipicidade cerrada", essa

---

[242] LARENZ, Karl. Op. cit., p. 42.

[243] "tempos de ceticismo quanto à capacidade da ciência do direito de dar respostas adequadas e gerais aos problemas que perturbam a sociedade atual e modificam-se com uma velocidade assustadora". In: MARQUES, Cláudia Lima. Op. cit., p. 155.

[244] DERZI, Misabel de Abreu Machado. Op. cit., p. 115.

última fechada e manifestação qualificada da legalidade. Também importante relembrar que a utilização da tipicidade como forma de simplificar e dar praticidade para a execução das leis tributárias, e para a atividade da administração fazendária, acaba fechando o tipo em conceito, eliminado a abertura e fluidez como suas principais características.

3.6. A questão das presunções no Direito Tributário

A já relatada tendência simplificadora do Direito tem encontrado nas presunções um meio para alcançar a efetividade na arrecadação. Buscando afastar as dificuldades da produção de provas difíceis, ou mesmo a análise individualizada de cada caso concreto, o Fisco se desvincula de cobrar o tributo, analisando as características individuais do contribuinte, para aplicar o Direito em massa, generalizando traços recorrentes das hipóteses de incidência.

Precisamente, uma das formas encontradas pelo Fisco para simplificar a tributação e para dar maior praticidade ao sistema tributário, garantindo maior eficiência e celeridade na cobrança tributária, passou a ser a utilização de presunções. O professor Sacha Calmon Navarro Coêlho expõe com clareza essa tendência de simplificação da tributação, referindo que "nas modernas sociedades de massas, a tentação dos Fiscos, escudados nos 'grandes números' e em nome da 'racionalização', é para 'simplificar' a tributação. Fala-se muito, inclusive no princípio da 'praticabilidade'".[245]

Tomando por empréstimo a lição de Gilberto de Ulhôa Canto, o autor define que na presunção toma-se como sendo a verdade de todos os casos aquilo que é a verdade

---

[245] COÊLHO, Sacha Calmon Navarro. *Curso de Direito Tributário*. 9. ed. Rio de Janeiro: Forense, p. 280.

da generalidade dos casos iguais, em virtude de uma lei de frequência ou de resultados conhecidos, ou mesmo em decorrência da previsão lógica do desfecho. Na presunção, a regra é estabelecida dentro dos limites da realidade possível, inferida de fatos semelhantes já ocorridos, e que, portanto, não são só possíveis, mas até prováveis.[246]

Sem a pretensão de se adentrar muito na definição ou no conceito de presunções, o certo é que em busca de praticidade e da simplificação da arrecadação, o legislador acaba se valendo dos tipos médios. Ao estabelecer uma previsão lógica do desfecho de um caso, baseada no resultado da generalidade de casos semelhantes, a tributação identifica práticas recorrentes e frequentes, presumindo ser essa a realidade ocorrida.

Cabe ser evidenciado que a simplificação do Direito Tributário, como de resto todo o Direito Tributário, está inserida em um contexto constitucional, em que, especialmente no Brasil, o Constituinte tratou de regular com minúcias as regras de competência. Considerando que no sistema constitucional as regras inferiores buscam seu fundamento de validade nas normas superiores, que temos a Constituição Federal no topo de nosso ordenamento jurídico e que diversas regras que estabelecem presunções advêm de regulamentos e instruções normativas, a validade dessas regras requer especial atenção para confirmação.

Nesse cenário, a presunção criada na sistemática do ICMS, chamada substituição tributária "para frente", ainda é foco de grandes debates, enquanto forma excepcional de se tributar uma cadeia produtiva. É meio eficaz e muito prático criado pelo sistema tributário atual em prol da administração pública, pois, num só tempo, faz tributar, arrecadar e fiscalizar o tributo, amarrando todos os sujeitos

---

[246] CANTO, Gilberto de Ulhôa. Presunções no Direito Tributário. In: MARTINS, Ives Gandra da Silva (Coord.) *Caderno de pesquisas tributárias*, São Paulo, Resenha Tributária, v. 9, p. 03, 1984.

da cadeia produtiva entre si, numa sequência de presunções que garantem os ingressos de receitas tributárias nos cofres públicos e fazem cumprir, em regra, com as funções extrafiscais em direito admitidas.

Na tributação do ICMS, a substituição "para frente", introduzido pele Emenda Constitucional n° 03, em 17 de março de 1993, disposto no Texto Maior no parágrafo 7° ao art. 150, tem três grandes efeitos jurídicos na regra-matriz de incidência, modificando os critérios temporal (antecipando a ocorrência do fato jurídico do ICMS), subjetivo (fazendo ingressar a relação a figura do substituto) e quantitativo (convencionando em termos arbitrários a base de cálculo da exação).[247]

Analisando a figura do substituto tributário, percebe-se ter sido ele escolhido pelo legislador para figurar na relação jurídica tributária, mesmo sem vínculo direto com o contribuinte, mas sim com o fato tributado. A relação entre substituído e substituto se justifica, pois existe vinculação de ambos com o fato tributado, ainda que indiretamente, tal como já afirmou o Ministro Carlos Velloso em 1998: "Essa terceira pessoa, que é posta, pela lei, no lugar do contribuinte, deve estar, entretanto, vinculada ao fato gerador da respectiva obrigação (CTN, art. 128)".[248]

Assim, em face de uma disposição legal, surge, no mesmo instante, um vínculo entre o Fisco e o contribuinte e outro do Fisco com um terceiro, este último não titular da situação tributada, mas que, por estar associado à ocorrência prevista na lei, assume o papel de sujeito pas-

---

[247] ÁVILA, Humberto Bergmann. Imposto sobre a Circulação de Mercadorias – ICMS. Substituição Tributária. Base de cálculo. Pauta fiscal. Preço máximo ao consumidor. Diferença constante entre o preço usualmente praticado e o preço constante da pauta ou o preço máximo ao consumidor sugerido pelo fabricante. Exame de constitucionalidade. *Revista Dialética de Direito Tributário*, São Paulo, n. 123, p. 123, dez. 2005.

[248] STF, Tribunal Pleno, RExt 213.396-5/SP, *DJ* 29.04.1998, voto vista, Min. Carlos Velloso, p. 413.

sivo, ou devedor por força do dispositivo legal. A partir daí ocorre o cálculo proposicional entre a regra-matriz e a norma da responsabilidade substitutiva, cujo resultado é a colocação do agente terceiro no lugar do substituído na obrigação principal. Com efeito, a regra-matriz já nasce alterada pela força prescritiva da norma da substituição, inexistindo propriamente permuta ou substituição de sujeitos no pólo passivo da relação tributária, mas cálculo entre proposições jurídicas.

Com base nesses pensamentos, seria importante deixar evidente que é vedado ao legislador infraconstitucional colocar na figura de sujeito passivo da obrigação tributária, em sentido estrito, alguém não vinculado ao fato jurídico tributário, em qualquer uma das hipóteses de responsabilidade por *transferência* e por *substituição*. Em verdade, está no fato jurídico o índice ou signo de riqueza objeto da tributação, sem o que não se poderia medir a capacidade contributiva do sujeito passivo, imposição esta da Constituição no plano tributário. Logo, a responsabilidade pelo crédito tributário depositada em uma terceira pessoa só se faz constitucional quando o terceiro for vinculado ao fato típico tão somente – substituição – ou a este e ao contribuinte também – responsável em sentido estrito. Sendo sujeito estranho ao fato típico, a regra, tanto na forma de substituição, quanto na de transferência, não possui validade constitucional, representando violação ao § 1° do art. 145.

Com as alterações produzidas pela EC n° 03, de 1993, ficou autorizada a sistemática de presumir a ocorrência de determinado evento, que haverá de realizar-se no futuro, justificando exigência presente, com base nesse fato presumido. O substituto responsável, na forma como previsto pelo inciso II do art. 121 do CTN, não é vinculado diretamente ao fato-tipo que deu nascimento à relação jurídica tributária. O substituído sim. O fator que os une é a própria mercadoria, ou, em outros termos, a cadeia produtiva do produto. Não se pode negar que a substituição tributária "para frente" é mecanismo eficiente da administração pública para arrecadar, fazendo integrar na relação tributária outro sujeito mais apto a efetivar a norma exacional. O substituto, em face da probabilidade da ocorrência futura da situação fática que dá ensejo ao ICMS, fica obrigado desde já a reter o valor do tributo. Cobra-se daquele pelo valor presumido do ICMS em operação seguinte, instituindo aquilo que se entende por *base de cálculo presumida*. Eis a presunção atingindo e reorganizando mais de um critério da regra-matriz de incidência tributária.

Para esquematizar a matéria, tomemos o exemplo identificando algumas peculiaridades: Um fabricante de automóvel ("montadora") – "A" – é contribuinte do ICMS. A lei determina que o sujeito "A" pague não só pela venda ao distribuidor ("concessionária") – "B", mas também pela comercialização do carro do distribuidor ao consumidor – "C". Na relação entre A e B, não há substituição; dá-se a incidência nos padrões normais. É na relação entre B e C que ocorre a substituição, figurando "A" no lugar de "B" no vínculo entre B e C. Encontraremos o problema na medida em que o evento ainda não tenha ocorrido, sendo possível que até mesmo nem venha a ocorrer. Do exemplo fica claro a exigência do recolhimento do ICMS pelo fabricante "A" do valor devido na relação A e B e, em substituição ao distribuidor "B", na relação B e C, antes mesmo da efetiva ocorrência da situação fática, enquanto evento (i), antecipando-se o momento da incidência tributária de B para C (ii); e, com isso, sem saber o *quantum* exato (preço) da venda da própria mercadoria da concessionária ao consumidor

Essa hipótese foi consolidada, e declarada constitucional, no RExt 213.396-5/SP (*DJ* 29.04.1998), tendo como fundamento de validade o enunciado do § 7° do art. 150 da CF/88, mesmo que, como visto, três critérios da regra-

-matriz de incidência tributária "B-C": material, temporal e quantitativo, tendo sido objeto de modificação.

Reafirma-se que a presunção instituída pela substituição tributária "para frente" teve sua validade constitucional interpretada pelo Supremo Tribunal Federal favoravelmente. Ainda assim, mecanismos como esse, que objetivam a simplificação da execução e fiscalização, evitando a evasão, embora interpretados favoravelmente pelo STF, efetivamente alteram a sistemática de não cumulatividade do ICMS.

Essa alteração da sistemática tributária ocorre por meio do que alguns autores denominam de modo tipificando de interpretação do Direito. Ao abandonar a interpretação do caso concreto, para calcular o tributo valendo-se de padrões médios, se utiliza a presunção sob a justificativa de estar interpretando o Direito de modo tipificante. Já antes afirmamos que o fechamento de um tipo em um conceito não nos parece representar autenticamente o que originalmente foi concebido como tipicidade.

3.7. Uma visão crítica sobre a aplicação da tipicidade no Direito Tributário

Ao longo de presente trabalho, buscou-se demonstrar que a definição de tipo vem sendo usada pela doutrina ao menos sob três primas diferentes: como ordenação de conhecimento ou descrição fluída e aberta do objeto; como sinônimo de fato gerador (*tatbestand*); e como forma simplificadora de execução e fiscalização da lei tributária, em prol da praticidade da arrecadação.

No primeiro deles, o tipo é definido como um método para a interpretação do objeto, em que o seu traço fluído e aberto permite a melhor atualização desse objeto, se amoldando adequadamente a concepção aberta de sistema. O traço aberto do tipo torna o objeto de interpretação inacabado, permitindo ao intérprete a atualização quando da aplicação individual do Direito. No Direito Civil, no campo dos contratos, em que a autonomia da vontade é traço fundamental, a existência de contratos típicos e atípicos possibilita que o legislador valide novas formas de contratações negociais a partir de modelos recorrentes.[249]

Em outra acepção, e essa bem presente no Direito Tributário, o tipo é visto como sinônimo de tipicidade cerrada, mais propriamente como a face material do Princípio da Legalidade. A tipicidade cerrada, vertendo uma ideia de que o tributo não simplesmente deve estar formalmente previsto em lei, mas que todos os seus elementos lá devem estar, acabou traduzindo o termo alemão *Tatbestand* como descrição exaustiva do fato gerador ou hipótese de incidência do tributo.

O tipo também tem sido utilizado para fundamentar a execução simplificada da lei, em prol da praticidade. Buscando afastar a coleta de provas difíceis e a investigação exaustiva de casos isolados, colhe-se o padrão médio e frequente, aprisionando-o em um conceito fechado, sob a denominação de tipicidade.

Diante dessas acepções, a questão que se coloca é sobre a possibilidade do tipo efetivamente ser usado no Direito Tributário, em especial para a melhor interpretação sistemática do Direito. Como já enfatizado, somos partidários da ideia de sistema jurídico, composto através de uma rede de valores e princípios, que se fecham no intérprete, permitindo que o direito positivado, dado seu caráter inacabado, seja efetivado em sua aplicação individual. A mutabilidade das relações sociais e a demora ínsita do processo legislativo são fatores que contribuem à concepção aberta e inacabada de sistema jurídico, em que a interpretação tópico-sistemática[250] é meio para a atualização do

---

[249] DERZI, Misabel de Abreu Machado. Op. cit., p. 364.
[250] FREITAS, Juarez. A Interpretação Sistemática ..., p. 42.

direito posto, ao realizar a sua aplicação ao caso concreto, à luz dos valores e princípios que orientam o sistema e o próprio processo de interpretação.

Nesse cenário, a utilização do tipo como ferramenta para uma interpretação sistemática ajusta-se perfeitamente a concepção de Direito, como um sistema aberto, nem acabado, nem rígido. O tipo, como ordem fluída, permite que para a formação do conteúdo jurídico do objeto de análise sejam inseridos princípios como a igualdade, justiça material e a mutação das relações sociais. Isso não se visualiza com os conceitos, em que pela sua rigidez, acaba atribuindo maior conteúdo jurídico para a segurança e previsibilidade.

Fez-se questão de frisar ao longo desse estudo que o Direito Tributário, por se tratar de ramo do Direito que restringe sobremaneira a propriedade e a liberdade, acaba sendo fortemente pautado pela legalidade e, por contingência, pela segurança. Já expusemos que alguns autores efetivamente entendem ser a segurança o fator que prevalece diante da relação jurídico-tributária, ao passo que outros identificam que a igualdade é o princípio que ilumina com maior preponderância as relações jurídicas, aí também as relações tributárias. Misabel de Abreu Machado Derzi conclui sua interpretação sobre a tipicidade defendendo que, a partir da tendência classificatória do Direito Tributário, decorrente da preponderância de princípios como a segurança, legalidade e uniformidade, haveria um choque bastante importante com a graduabilidade e fluidez dos tipos.[251] A autora mineira reconhece que tipos e conceitos podem conviver, em especial porque mesmo na classificação conceitual há a chamada zona de penumbra, em que o sistema se abre para seu fechamento no intérprete.

Em contrapartida, Ricardo Lobo Torres não restringe de forma tão categórica a utilização de tipos no Direito

---

[251] DERZI, Misabel de Abreu Machado. Op. cit., p..

Tributário. Segundo ele, há, ao menos, três modos de se adequar o fato gerador abstrato ao concreto, sendo a tipicidade apenas uma delas. As outras duas seriam a subsunção, quando o fato da vida precisa se qualificar nos moldes precisos da prescrição legal, pela discricionariedade, em que o agente público, diante de um conceito indeterminado acoplado a hipótese de incidência, atua dentro de sua margem discricionária, sendo a tipicidade a possibilidade, pela presença de um tipo na norma, do intérprete correlacionar o objeto de análise segundo suas possíveis intensidades, até o limite do atípico.[252]

A partir dessas considerações é que estamos a interpretar que a utilização da tipicidade no Direito Tributário brasileiro como: (i) tipicidade cerrada ou legalidade material, ou (ii) como forma simplificada de execução e fiscalização da lei tributária, buscando consagrar a praticidade, não podem ser literalmente denominadas de tipicidade. A tipicidade é gênero diverso do conceito, tendo na fluidez, e na possibilidade de reconhecer-se o objeto segundo suas diferentes intensidades de manifestação, um traço característico fundamental, ao contrário das utilizações acima expostas, em que o fechamento e a rigidez violam seu conteúdo jurídico.

A tipicidade é uma ferramenta altamente eficaz e útil para a melhor interpretação sistemática do Direito. A possibilidade de interpretar o objeto de análise do Direito (fato social) por diferentes intensidades de manifestação permite a atualização das mutações sociais que, iluminada pelos valores e fins do sistema, possibilitará a efetiva interpretação tópico-sistemática.

Ademais, também não interpretamos que a tipicidade possa ser literalmente utilizada no Direito Tributário, em especial no Direito Tributário brasileiro, cujo traço constitucional acentua a legalidade, por meio do inciso

---

[252] TORRES, Ricardo Lobo. *O Princípio da Tipicidade* ..., p. 231.

I do art. 150. O Direito Tributário, da forma como ele é concebido no ordenamento jurídico brasileiro, demanda a subsunção exposta por Ricardo Lobo Torres, em que o fato da vida precisa se qualificar nos moldes precisos da prescrição legal. Nesse aspecto, nos afiliamos ao pensamento de Augusto Alfredo Becker, segundo o qual a relação jurídico-tributária é fruto da atividade humana, a partir de um reflexo condicionado a signos linguísticos (palavras) dispostos em textos legais.[253] Pelo Direito Tributário ser um ramo do direito que limita fortemente a propriedade e liberdade, é tarefa do legislador dispor em lei todos os elementos da regra-matriz de incidência tributária (signos linguísticos), restringindo um pouco os limites da interpretação.

Identificamos que a tipicidade é meio extremamente eficaz para uma interpretação sistemática do Direito, servindo, contudo, bem mais a outros ramos do direito do que propriamente ao Direito Tributário. A previsibilidade das relações jurídico-tributárias se amolda melhor a classificação conceitual das normas, não deixando de se considerar que, mesmo que assim o seja, estão essas normas inseridas em um sistema de valores e princípios que orientam a interpretação das normas jurídicas.

Sem dúvida há margem de interpretação para a aplicação do Direito Tributário. Não se trata, por óbvio, de ramo com pretensa codificação exaustiva das relações jurídicas dele decorrentes. Em verdade, já há muito tempo essa pretensão foi repelida do Direito, basicamente pelos ordenamentos constitucionais vigentes. Mas, inegavelmente, o Direito Tributário demanda previsão, ainda mais quando pautado em uma relação entre público e privado, com forte traço de restrição a propriedade e liberdade.

---

[253] BECKER, Alfredo Augusto. Op. cit., p. 64-65.

4 – Conclusão

4.1. Muitas são na Ciência do Direito as definições de tipicidade e do modo tipificante de interpretação do Direito. A tipicidade é usada pela doutrina jurídica como sinônimo de conceito, como *standards* ou medidas móveis de um comportamento social típico, como definição de fechamento do sistema jurídico, como equivalente ao fato gerador e mesmo para fundamentar a execução simplificada e mais prática da legislação.

4.2. No Direito Tributário ficou difundido o chamado Princípio da Tipicidade Cerrada como sinônimo de uma legalidade qualificada, em que todos os elementos da regra-matriz de incidência tributária devem estar prescritos em lei. A prescrição do art. 150, I, da Constituição Federal, estabelece uma forte influência da Legalidade e, por contingência, da segurança jurídica ao Direito Tributário brasileiro.

4.3. A Tipicidade remete principalmente ao Direito Alemão, que já há bastante tempo tem tratado do tema. A concepção original da tipicidade está ligada a ideia de fluidez, intensidade, graduabilidade e abertura, de forma que através da captação do traço recorrente do objeto ou de determinado acontecimento, se tenha um objeto padrão para correlacionar o processo de interpretação do Direito. A abertura do tipo permite que diferentes intensidades de manifestação do objeto ou do acontecimento típico sejam correlacionadas.

4.4. A abertura e fluidez da tipicidade se confrontam com o fechamento do conceito. O sistema jurídico historicamente foi sendo concebido como um sistema fechado e acabado, capaz de englobar as soluções necessárias para a vida em sociedade. O silogismo jurídico, em que o fenômeno jurídico é fruto do preenchimento da premissa maior disposta na lei, pela premissa menor tida no fato social, preponderantemente é visto pela doutrina como sinônimo de subsunção.

4.5. O processo de interpretação do Direito não ocorre apenas por subsunção, podendo também ocorrer por meio da tipificação e da discricionariedade.

4.6. Tipos e conceitos são estruturas diferentes, podendo inclusive ser diferenciados pelo método de interpretação do Direito, sendo a subsunção própria dos conceitos e a tipificação inerente aos tipos. Tipo remete a uma ideia de abertura e intensidade, ao passo que o conceito se relaciona à concepção de fechamento e previsibilidade. Assim, tipos e conceitos podem ser diferenciados ao menos sob dois pontos de vista, um, a combinação dos elementos que o compõem e, dois, o método de interpretação do direito a eles relacionado.

4.7. Há conceitos que são formados a partir de tipos. Isso ocorre quando o legislador identifica uma prática recorrente e, a partir dela, quantifica ou qualifica essa realidade graduável, fechando-a em um conceito, como forma de atribuir maior segurança e previsibilidade ao processo de aplicação do Direito.

4.8. A tipicidade é forma de interpretação do Direito que se amolda com bastante precisão ao pensamento sistemático. A concepção de aplicação automática da regra ao caso concreto, por meio da subsunção, já há algum tempo foi superada pela interpretação sistemática do Direito. A abertura e fluidez do tipo permitem que o processo de interpretação do Direito receba mais facilmente o influxo dos princípios e valores que compõem o sistema jurídico. Ao se analisar o objeto de interpretação do Direito através das suas diferentes e possíveis intensidades, o intérprete amplia seu universo, permitindo que o conteúdo normativo das normas seja melhor preenchido pelo sistema jurídico como um todo.

4.9. O processo legislativo não consegue acompanhar a rapidez do desenvolvimento das relações sociais, de forma que a cristalização de determinados valores e princípios em regras acaba sofrendo uma desatualização acelerada. A tipicidade é método de interpretação do Direito que permite ao intérprete uma atualização da norma, por conta da abertura e fluidez do tipo.

4.10. No Direito, mas principalmente no Direito Tributário, o normativismo já não pode mais ser utilizado isoladamente. Ainda que a contribuição dos autores estrangeiros e nacionais que desenvolveram essa forma de interpretação tenha sido da mais inestimável valia, os valores e princípios de uma Constituição Comunitária, como é o caso da Constituição brasileira, necessariamente devem preencher o conteúdo normativo das normas jurídicas. O Sistema Tributário Nacional recebe a iluminação dos seus valores e princípios próprios, como também de todos os outros princípios e valores inseridos explicita e implicitamente ao longo da Constituição Federal, de tal sorte que mesmo na hipótese em que a rigidez aparente transpareça uma solução vinculada, todos esses valores e princípios estão imbricados na melhor resposta.

4.11. O pensamento sistemático é o método de interpretação que melhor traduz ao Direito as respostas derivadas de uma Constituição Comunitária. O objeto de interpretação do Direito não se esgota na norma, mas, ao contrário, no caso concreto à luz do sistema jurídico como um todo. Através da argumentação jurídica, diante do caso concreto, é que o intérprete irá materializar o sistema jurídico e consagrar os valores e princípios nele inseridos.

4.12. A aplicação do Direito segundo a visão tipológica parte da concepção de que o tipo é flexível e aberto, permitindo, assim, que as transições de uma sociedade em constante mutação sejam inseridas, com maior facilidade, para o interior da norma jurídica. Ainda que a aplicação do Direito por tipificação seja fruto de um silogismo, a presença do tipo na premissa maior amplia a abertura da norma, permitindo, assim, a maior efetividade da justiça material alcançada pela sistematização.

4.13. Considerando que texto legal e norma jurídica são realidades distintas, que a norma é fruto da interpretação do texto, pelo intérprete, diante do caso, sendo o Direito o produto dessa interpretação, a presença do tipo na lei, permite ao intérprete uma maior amplitude e atualização de resultado. O tipo ao ser recolhido na realidade do objeto ou do acontecimento médio e padrão, sendo posteriormente positivado, atribui ao Direito a atualidade que o processo legislativo não consegue suprir.

4.14. A Tipicidade é aberta e fluída, amoldando-se como uma luva na atual visão sistemática de Direito.

4.15. Tipo é a ordenação de dados concretos que, a partir de um critério de semelhança, determina a formação de uma medida móvel de intensidade. A medida da correlação do dado concreto da vida real com o tipo é móvel, porque seu conteúdo é aberto, segundo um ponto de vista de uma maior ou menor intensidade. A partir da construção do tipo como objeto de comparação, a Ciência Jurídica passou a interpretar o Direito segundo o Princípio da Tipicidade. Dentre as principais utilizações da tipicidade como critério de interpretação do direito tributário estão: metodologia jurídica; critério de criação do fato gerador tributário; e a execução simplificada da lei tributária, por meio da regulamentação administrativa. A tipificação surge como o processo de formação normativa do tipo. A partir da captação fenomênica, ao legislador fica a competência de formar o *tipo real normativo*.

4.16. A tipicidade encontra sua origem no Direito alemão, tendo firmado-se como um pensamento de ordem, por meio da identificação das diferentes intensidades de recorrência do objeto (típico). Em matéria tributária, o grande uso da tipicidade na Alemanha encontra-se hoje vinculado à praticidade e a execução simplificada da lei. Por meio dessa técnica, evita-se a investigação exaustiva do caso isolado, dispensa-se a coleta de provas difíceis ou impossíveis para a representação jurídica do caso concreto, tudo visando a praticidade e simplificação da tributação.

4.17. Foram nos países de fontes ibéricas que a tradução de tipicidade, a partir de *tatbestand*, difundiu-se, tendo irradiado repercussão inclusive para o Brasil. Havendo forte vinculação da doutrina jurídica em Portugal às dimensões formal e material do Princípio da Legalidade, acabou-se vinculando a tipicidade em matéria tributária ao fechamento do sistema tributário, por conta da necessidade da prescrição exaustiva do fato gerador.

4.18. O uso da tipicidade no Direito Tributário brasileiro está fortemente ligado à chamada tipicidade cerrada, sendo também utilizada como fundamento para justificar a execução simplificada da lei tributária.

4.19. O Princípio da Segurança Jurídica não se encontra expressamente disposto em nosso texto constitucional, mas sua construção como direito fundamental é uma decorrência da abertura do catálogo de direitos fundamentais e da derivação do sobreprincípio do estado democrático de direito (art. 1º), bem como de regras mais específicas, como a proteção do direito adquirido, do ato jurídico perfeito e da coisa julgada (art. 5º, XXXVI), e, em matéria tributária, da legalidade (art. 150, I), da irretroatividade (art. 150, III, "a") e da anterioridade (art. 150, III, "b"). A construção de seu conteúdo jurídico remete a uma ideia de previsibilidade das relações jurídicas, iluminando fortemente a relação tributária.

4.20. Os Princípios do Estado Democrático de Direito e da Separação de Poderes são princípios estruturantes do sistema jurídico brasileiro, deles sendo derivadas a segurança jurídica e a legalidade. Inegável que em matéria tributária, pela estruturação de uma relação jurídica entre o Estado e o particular, com importante restrição de direitos fundamentais como a propriedade e da liberdade, tais princípios irradiam um forte conteúdo axiológico.

4.21. O exame da tipicidade está intimamente ligado ao Princípio da Legalidade, uma vez que a tipicidade se inicia a partir das prescrições jurídicas positivadas. A legalidade ganha ainda maior relevância em matéria tributária por ter recebido do Constituinte de 1988 tratamento específico pelo art. 150, I, da Constituição Federal. Contudo, a associação feita pela doutrina entre tipicidade e tipicidade cerrada acabou criando um desvio de sentido, vinculando um instituto originalmente aberto com uma ideia de fechamento, reforçada exatamente pelo forte conteúdo axiológico que a legalidade possui em matéria tributária. O traço forte da legalidade e da segurança jurídica sobre o Direito Tributário brasileiro coloca em forte questionamento a possibilidade de se utilizar a tipicidade como método de interpretação do Direito Tributário.

4.22. Ainda que a maioria dos casos represente inegavelmente uma estatística fiel da conduta tutelada, o plexo de relações sociais é infinito, de forma que jamais a imaginação do legislador poderá abranger a complexidade das condutas sociais possíveis nas molduras da norma. A tipificação, assim compreendido o processo de positivação do tipo, é uma visão parcial, embora em muitos casos bastante completa, da conduta social regulada. A tipicidade e a igualdade (material) convergem no sentido de alcançar as disparidades do caso individual, como mecanismo de justiça. Inegavelmente, o conceito normativo, quanto mais fechado for, embora possa trazer maior segurança, sob o ponto de vista de previsibilidade, menor aplicação terá aos casos dissonantes. A generalidade e abstração atribuem à lei a concepção de igualdade formal, mas é através do plano material da igualdade que as diferenças individuais poderão ser consagradas. Nesse aspecto, reitera-se, tipicidade e igualdade servem adequadamente ao Princípio de Justiça. Norberto Bobbio com razão observou que a abstração e generalidade da norma possuem como fim consagrar a segurança jurídica, mas que por sua vez acabam enfraquecendo o dever de se atribuir a justiça individual.

4.23. O Princípio da Praticidade da execução das leis é um dos maiores aliados do legislador e do Executivo para justificar uma concepção imprópria de pensamento tipificante. Em busca da simplificação da execução das leis, o legislador e a administração pública têm utilizado presunções e ficções, colhendo na vida real tipos que expressem o padrão médio de comportamento ou dos acontecimentos. A serviço da praticidade, colhe-se na vida real o padrão médio de comportamento ou de acontecimentos, presumindo que aquela é a média recorrente dos fatos para efeito de identificação do fenômeno tributário. Não se questiona a validade constitucional desses mecanismos de simplificação da execução das leis, mas sim a sua definição como uma materialização da tipicidade.

4.24. Para a melhor análise da incidência tributária, absolutamente importante a construção da *regra-matriz de incidência tributária* como sistematização dos elementos indispensáveis a qualquer tributo, tanto descrevendo o antecedente da incidência tributária, marcado pela formulação hipotética "se ocorrer o fato F", como pela definição de uma consequência para a hipótese, qual seja, o surgimento da obrigação de pagar tributo. Trata-se de norma geral e abstrata, disposta em potência no texto legal, aguardando que o intérprete capte um fato da vida que, se descrito em linguagem jurídica (fato jurídico), faz nascer a obrigação tributária.

4.25. A apressada adaptação da metodologia de aplicação do Direito Tributário por silogismo com a teoria dos tipos, fez surgir no Brasil a concepção de que no direito tributário o fato gerador é a representação do tipo, aquele que Karl Larenz denominou de *tipo real normativo*.

4.26. O Direito Tributário, pelo forte traço de previsibilidade que estrutura as relações tributárias, acaba encontrando nos conceitos determinados e indeterminados uma melhor forma de interpretação, valendo da subsunção como método. Vem se difundindo no Direito tributário uma assim chamada interpretação tipológica, buscando a praticidade e a otimização da arrecadação.

4.27. O Direito é um processo de interpretação, resultado de um silogismo, através do qual se compara a premissa maior, prescrita de forma geral e abstrata no texto legal (abstrato), com a premissa menor, o fato do mundo real (concreto). A partir da realização desse silogismo, forma-se o fato jurídico, o que em matéria tributária equivale ao surgimento da obrigação de pagar tributo. O silogismo jurídico não é um processo meramente formal. No processo de interpretação que conduz do abstrato ao concreto haverá a necessidade do intérprete realizar uma valoração ampla, tanto analisando o fato do mundo real, como analisando a regra a ser aplicada, tudo em conformidade com a integralidade do ordenamento jurídico. No processo de aplicação do Direito é necessário que o intérprete valore o fato, a partir da sua descrição em linguagem jurídica, fazendo também a releitura da regra, de acordo com os princípios que orientam a formação do seu conteúdo normativo. A interpretação do Direito por meio de um tipo permite uma coleta mais rica do objeto, ao se permitir sua correlação com a lei, através de diferentes intensidades de manifestação. Em contrapartida, o conceito veicula uma nota, uma descrição, fechada do objeto.

4.28. A escolha do legislador por um tipo denota uma valorização mais forte de princípios como a igualdade e a Mutação das relações Sociais. O tipo permite um "maior tempo de validade" para a regra, já que sua fluidez e permeabilidade permitem ao intérprete correlacionar ao tipo fatos que, embora tenham sofrido mutação, ainda assim conseguem ser a ele correlacionados. Ao mesmo tempo em que os traços característicos do tipo permitem a duração a longo prazo da regra, a segurança jurídica acaba sendo enfraquecida, já que a tarefa do intérprete ganha maior relevo.

4.29. A utilização do tipo como ferramenta para uma interpretação sistemática se ajusta perfeitamente a concepção de Direito, como um sistema aberto, nem acabado, nem rígido. O tipo, como ordem fluída, permite que para a formação do conteúdo jurídico do objeto de análise sejam inseridos princípios como a igualdade, justiça material e a mutação das relações sociais. Tal situação não se visualiza com os conceitos, em que a rigidez dos mesmos acaba dando maior conteúdo jurídico para a segurança e a previsibilidade.

4.30. A tipicidade é meio extremamente eficaz para uma interpretação sistemática do Direito, servindo, contudo, bem mais a outros ramos, do que propriamente ao Direito Tributário. A previsibilidade das relações jurídico-tributárias se amolda melhor a classificação conceitual das normas.

Referências bibliográficas

ALEXY, Robert. *Teoria dos Direitos Fundamentais*. Traduzido por Virgílio Afonso da Silva. São Paulo: Malheiros, 2008.

ARAGÃO, Maria Alexandre de Souza. *O Princípio do Poluidor Pagador. Pedra Angular de Política Comunitária Ambiental*. Coimbra: Coimbra Editora, 1977.

ATALIBA, Geraldo. *Hipótese de Incidência Tributária*. 6. ed. São Paulo: Malheiros, 2000.

ÁVILA, Humberto Bergmann. Imposto sobre a Circulação de Mercadorias – ICMS. Substituição Tributária. Base de cálculo. Pauta fiscal. Preço máximo ao consumidor. Diferença constante entre o preço usualmente praticado e o preço constante da pauta ou o preço máximo ao consumidor sugerido pelo fabricante. Exame de constitucionalidade. *Revista Dialética de Direito Tributário*, São Paulo, n. 123, p. 123, dez. 2005.

———. *Sistema Constitucional Tributário*. São Paulo: Saraiva, 2004.

———. *Teoria dos Princípios*: da definição à aplicação dos princípios jurídicos. São Paulo: Malheiros, 2003.

BALEEIRO, Aliomar. *Limitações Constitucionais ao Poder de Tributar*. 7. ed. Rio de Janeiro: Forense, 2003.

BARZOTTO, Luis Fernando. *O Positivismo Jurídico Contemporâneo*: Uma introdução a Kelsen, Ross e Hart. São Leopoldo: UNISINOS, 1999.

BECKER, Alfredo Augusto. *Teoria Geral do Direito Tributário*. 3. ed. São Paulo: Lejus, 1998.

BOBBIO, Norberto. *Teoria Geral da Política*: A Filosofia Política e as Lições dos Clássicos. Rio de Janeiro: Campus, 2000.

BONAVIDES, Paulo. *Curso de Direito Constitucional*. 9. ed. São Paulo: Malheiros, 2000.

BORGES, José Souto Maior. *Obrigação Tributária*: Uma introdução metodológica. 2. ed. São Paulo: Malheiros, 2001.

CALIENDO, Paulo. Da Justiça Fiscal: Conceito e aplicação. *Revista Interesse Público*, n. 29, Ano VI, p. 159-198, 2005.

———. *Direito Tributário e Análise Econômica do Direito*: uma Visão Crítica. Rio de Janeiro: Elsevier, 2009.

CANARIS, Claus-Wilhelm. *Pensamento Sistemático e Conceito de Sistema na Ciência do Direito*. Lisboa: Fundação Calouste Gulbenkian, 2002.

CANOTILHO, José Joaquim Gomes. *Direito Constitucional e Teoria da Constituição*. 7. ed. Coimbra: Almedina, 2003.

CANTO, Gilberto de Ulhôa. Presunções no Direito Tributário. In: MARTINS, Ives Gandra da Silva (Coord.) *Caderno de pesquisas tributárias*. São Paulo: Resenha Tributária, 1984. V. 9.

CARRAZZA, Roque Antonio. *Curso de Direito Constitucional Tributário*. 14. ed. São Paulo: Malheiros, 2000.

CARVALHO, Paulo de Barros. *Curso de Direito Tributário*. 12. ed. São Paulo: Saraiva, 1999.

COÊLHO, Sacha Calmon Navarro. *Curso de Direito Tributário Brasileiro*. 9. ed. Rio de Janeiro: Forense, 2006.

COUTO E SILVA, Almiro do. O Princípio da Segurança Jurídica (Proteção à Confiança) no Direito Público Brasileiro e o Direito da Administração Pública de Anular seus Próprios Atos Administrativos: o prazo decadencial do art. 54 da lei do processo administrativo da União (Lei n° 9.784/99). *Revista Eletrônica de Direito do Estado*, Salvador, Instituto de Direito Público da Bahia, n. 2, abril/maior/junho, 2005. Disponível em: <http://www.direitodoestado.com.br>.

DA SILVA, José Afonso. *Curso de Direito Constitucional Positivo*. 18. ed. São Paulo: Malheiros, 2000.

DE OLIVEIRA, Yonne Dolacio. *A Tipicidade no Direito Tributário Brasileiro*. São Paulo: Saraiva, 1980.

DERZI, Misabel de Abreu Machado. *Direito Tributário, Direito Penal e Tipo*. 2. ed. São Paulo: Revista dos Tribunais, 2007.

DWORKIN, Ronald. *Taking Rights Seriously*. Cambriege: Harvard University Press, 1978.

FALCÃO, Amílcar Araújo. *Fato Gerador da Obrigação Tributária*. 6. ed. Rio de Janeiro: Forense, 1999.

FERRAGUT, Maria Rita. *Presunções no Direito Tributário*. 2. ed. São Paulo: Quartier Latin, 2005.

FREITAS, Juarez. *A interpretação Sistemática do Direito*. São Paulo: Malheiros, 1995.

——. Discricionariedade Administrativa e o Direito Fundamental à Boa Administração Pública. São Paulo: Malheiros, 2007.

GADAMER, Hans-Georg. *Hermenêutica em Retrospectiva*. Petrópolis: Vozes, 2007.

——. *Verdade e Método*: Traços Fundamentais de uma Hermenêutica Filosófica. Petrópolis : Vozes, 2002.

GRAU, Eros Roberto. *Ensaio e Discurso sobre a Interpretação/Aplicação do Direito*. 3. ed. São Paulo: Malheiros, 2005.

GUASTINI, Ricardo. *Distinguiendo* – Estudios de Teoria y Metateoría del Derecho. Barcelona: Gedisa, 1999.

HC 104403/SP – SÃO PAULO, Relator(a): Min. CÁRMEN LÚCIA, julgamento em 02/12/2010, Órgão Julgador: Primeira Turma; Ext 1197/REPÚBLICA ITALIANA, Relator(a): Min. RICARDO LEWANDOWSKI, julgamento em 25/11/2010, Órgão Julgador: Tribunal Pleno; HC 104070/SP – SÃO PAULO, Relator(a): Min. GILMAR MENDES, julgamento em 24/08/2010, Órgão Julgador: Segunda Turma.

HELSEN, Hans. *Teoria Pura do Direito*. 6. ed. São Paulo: Martins Fontes, 1998.

KAUFMANN, Arthur. *Analogía e naturaleza de la cosa*. Santiago: Jurídica de Chile, 1976.

——. *Filosofia do Direito*. Lisboa: Fundação Caloustre Gulbenkian, 2004.

——; HASSEMER, Winfried. *Introdução à Filosofia do Direito e à Teoria do Direito Contemporâneas*. Lisboa: Fundação Caloustre Gulbenkian, 2002.

KELSEN, Hans. *Teoria Pura do Direito*. Traduzido por João Batista Machado. São Paulo: Martins Fontes, 2000.

LARENZ, Karl. *Metodologia da ciência do direito*. 3. ed. Lisboa: Fundação Caloustre Gulbenkian, 1997.

MARQUES, Cláudia Lima. *Contratos no Código de Defesa do Consumidor*. O novo regime das relações contratuais. 4. ed. São Paulo: Revista dos Tribunais, 2002.

MARTINS, Ives Gandra da Silva. *Teoria da Imposição Tributária*. São Paulo: Saraiva, 2003.

MELLO. Celso Antônio Bandeira de. *Discricionariedade e Controle Judicial*. São Paulo : Malheiros, 1993.

NABAIS, Casalta. *O Dever Fundamental de Pagar Impostos*. Coimbra: Almedina, 1998.

NEVES, António Castanheira. *Metodologia Jurídica:* Problemas Fundamentais. Coimbra: Coimbra Editora, 1993.

NOGUEIRA, Ruy Barbosa. *Direito financeiro: curso de direito tributário*. 14. ed. São Paulo: José Bushatsky, 1995.

PONTES DE MIRANDA. *Tratado de Direito Privado*. Rio de Janeiro: Borsoi, 1954. V. I.

REALE, Miguel. *O Direito como Experiência*: Introdução a Epistemologia Jurídica. Saraiva: São Paulo, 1992.

SANTOS, Boaventura de Souza. *Introdução a uma Ciência Pós-Moderna*. Rio de Janeiro: Graal, 1989.

SARLET, Ingo Wolfgang. *A Eficácia dos Direitos Fundamentais*. 9. ed. Porto Alegre: Livraria do Advogado, 2008.

STF, Tribunal Pleno, RExt 213.396-5/SP, DJ 29.04.1998, voto vista, Min. Carlos Velloso, p. 413.

STRECK, Lenio Luiz. *Hermenêutica Jurídica em Crise:* Uma exploração hermenêutica da construção do Direito. 3. ed. Porto Alegre: Livraria do Advogado, 2001.

TIPKE, Klaus. *Direito Tributário*. Traduzido por Luiz Dória Furquim. 18. ed. Porto Alegre: Sergio Antonio Fabris, 2008. V I.

——. *Moral Tributaria del Estado y de los Contribuintes*. Madrid: Marcial Pons, 2002.

TORRES, Ricardo Lobo. *Normas de Interpretação e Integração do Direito Tributário*. 4. ed. Rio de Janeiro: Renovar, 2006.

——. O Princípio da Tipicidade no Direito Tributário. *Revista Direito Administrativo*, Rio de Janeiro, v. 235, p. 193, 2004.

VELLOSO, Andrei Pitten. *Conceitos e Competências Tributárias*. São Paulo: Dialética, 2005.

XAVIER, Alberto. *Manual de Direito Fiscal*. Lisboa: Faculdade de Direito de Lisboa, 1981.

——. *Os Princípios da Legalidade e da Tipicidade da Tributação*. São Paulo: Revista dos Tribunais, 1978.

——. *Tipicidade da Tributação, Simulação e Norma Antielisiva*. São Paulo: Dialética, 2001.

Impressão:
Evangraf
Rua Waldomiro Schapke, 77 - POA/RS
Fone: (51) 3336.2466 - (51) 3336.0422
E-mail: evangraf.adm@terra.com.br